3대가 행복한 동행

격 대 교 육

— 자녀교육의 패러다임이 바뀐다

3대가 행복한 동행, 격대교육
─자녀교육의 패러다임이 바뀐다

초판 1쇄 펴낸 날 / 2018년 4월 24일

지은이 • 전영철, 전샛별 | 펴낸이 • 임형욱 | 본문디자인 • 예민 | 영업 • 이다윗 |
펴낸곳 • 행복한책읽기 | 주소 • 서울시 종로구 명륜4길 5-2, 403호
전화 • 02-2277-9216,7 | 팩스 • 02-2277-8283 | E-mail • happysf@naver.com
인쇄 제본 • 동양인쇄주식회사 | 배본처 • 뱅크북(031-977-5953)
등록 • 2001년 2월 5일 제300-2014-27호 | ISBN 979-11-88502-05-9 03370
값 • 13,000원

3대가 행복한 동행

격대교육

— 자녀교육의 패러다임이 바뀐다

전영철 · 전샛별 지음

행복한책읽기

3대가 행복한 지름길, 격대교육

3대가 행복한 지름길, 격대교육

"노인 한 사람이 죽는 것은 도서관 하나가 불타버리는 것과 같다"

베르나르 베르베르는 그의 단편 소설 「황혼의 반란」에서 "노인 한 사람이 죽는 것은 도서관 하나가 불타버리는 것과 같다"고 했다. 그만큼 노인들의 지혜와 지식, 경험들이 소중하다는 의미이다.

노인들은 불과 몇 년 전까지만 해도 사회 각 분야의 전문가로서 사회의 중추적인 역할을 잘 감당해왔던 사람들이다. 노인들이 가지고 있는 지혜는 하루아침에 얻어진 것이 아니다. 그들은 수십 년을 살아오면서 수많은 성공과 실패의 경험을 통해 삶의 지혜를 터득하였다. 노인들의 머리와 가슴에는 개인과 가정의 역사가 저장되어 있다. 그들의 경험과 지식이 모이면 사회와 국가의 문화가 되고 역사

가 된다. 그들이 쌓은 지혜와 지식, 경험은 후손들이 이어받아야 할
귀한 유산이다. 노인들이 가진 지혜는 젊은 사람들이 쉽게 뛰어넘을
수 있는 것이 아니다. 현대 사회에서 그들이 단순히 나이가 많다는
이유 하나만으로 '여분의 세대'로 물러나야 할 이유는 없다. 노인들
은 결코 세상의 무거운 짐이 아니라 그 사회가 간직해야 할 지혜와
지식의 소유자이다.

격대교육, 손주들의 보물 찾아주기

사회가 다양화되고 여성들의 사회진출이 활발해지면서 조부모들
의 손주양육이 늘어나고 있다. 노인들 중에는 손주를 얻으면 자의반
타의반으로 손주양육에 나서는 경우가 많이 있다. 격대교육(隔代教
育, grandparenting : 조부모의 손주교육)이라고도 불리는 조부모의
손주양육은 우리나라뿐만 아니라 세계적으로도 대를 이어 내려오는
가정교육의 한 방법이다.

격대교육은 두 가지 측면에서 매우 유용하다. 하나는 도서관에 비
유되는 조부모의 지혜를 후손들에게 물려주는 것이다. 다른 하나는
일하는 젊은 여성들의 육아문제를 해결해 주는 육아의 지원군 역할
을 하는 것이다.

이것은 은퇴한 조부모들의 노동력을 이용하려는 것이 아니라 그

들의 지혜와 살아온 경험을 이어받는다는 차원에서 환영할 만한 일이다. 격대교육을 통해 조부모와 젊은 부모 그리고 손주들이 서로를 이해하고 사랑하는 가족관계를 형성해 나간다면 금상첨화가 될 수 있다.

여생을 편하게 살고 싶은 욕망을 포기하고 손주양육에 임하는 조부모들이 바라는 것은 자신들을 이해해 주는 것이다. 비록 젊은 시절 사회적으로 존경받는 위치에 있지 못 하고 자녀들에게 많은 재산을 물려주지 못 했을지라도 노인들은 가정과 사회의 존경과 사랑을 필요로 하고 있다. 조부모들이 후손에게 무언가를 물려줄 귀한 것이 있어야만 존경받는 것이 아니라 그들이 살아온 세월에 대한 자연스러운 존경심이 있어야 한다.

"저도 할아버지처럼 살고 싶어요"

아이들이 자라서 자기를 키워준 조부모가 어떤 분이었는지를 물어보았을 때를 상상해보자. 조부모가 손주에게 듣고 싶은 가장 좋은 말은 바로 "저도 할아버지처럼 살고 싶어요." 혹은 "저도 할머니처럼 멋있는 인생을 살고 싶어요."라는 말일 것이다.

아이들은 태어나서 부모의 영향뿐만 아니라 조부모의 영향도 많이 받는다. 아이들이 만난 사람들 중에 조부모가 있다는 사실은 긍정적인 면이 많다. 그들은 어른들의 언어를 비롯해서 삶의 방식 등을 보고 들으며 자라기 때문이다. 간혹 말이나 글로 가르치는 것 못지않게 행동으로 보여주는 가르침이 아이들에게 더 큰 영향을 주기도 한다.

조부모의 뒤에는 젊은 부모와 손주가 서 있다. 조부모가 남긴 발자취를 따라 그들의 삶을 이어간다. 조부모의 발걸음이 비록 느리고 힘이 없어 보일지라도, 그들이 남긴 발자국에는 선명한 인생이 남아 있다. 때로는 흔들리고 희미한 발자국을 남기다가도 어느 순간 바른 발자국을 남기기도 한다. 조부모가 남기는 흔적이 항상 옳거나 좋은 것은 아니다. 때로는 영원히 숨기고 싶은 것들도 있다. 차마 자녀들에게 말할 수 없는 실수나 실패도 있다. 할 수만 있다면 잘못 찍힌 발걸음을 지우고 싶지만 그럴 수도 없는 일이다. 그러나 조부모가 남긴 모든 것들은 자녀들에게 귀한 교훈으로 남을 것이다. 자녀들도 어른이 되면 자신의 발자국을 따라오는 후손들의 거울이 된다.

조부모의 삶의 지혜를 손주들에게 전해주는 유산을 우리는 귀하게 여겨야 한다. 그들이 쌓은 경험들을 하나도 남김없이 잘 물려주고 세상을 떠날 수 있도록 해야 한다. 후손들은 앞선 사람들의 삶의 궤적을 좇아서 자신의 인생행로를 결정하는 경우가 많기 때문이다. 선택하는 삶의 방식에 따라 인생의 방향은 달라진다. 인류의 종말이 오기까지 인생의 궤적과 방향은 선택에 달려 있다. 그리고 그 선택의 결과는 온전히 선택자의 몫이다.

3대가 행복한 격대교육이 필요하다

필자들은 몇 년 전에 『격대교육이 오바마를 만들었다』라는 책을
집필한 적이 있다. 그 당시는 우리나라에 격대교육에 대한 본격적인
논의가 시작되기 전이었다. 그 책은 조부모가 손주를 키우는 것에
대한 입문서였다. 내용 중에는 필자가 손주를 어떻게 키울 것인가에
대한 희망도 섞여 있었다.

그 후 '조부모학교' 강의 교재로 『내가 살아온 인생, 네가 살아갈
인생』을 집필하였다. 좋은 조부모가 되는 데 필요한 내용들이 포함
되어 있었다.

이번에 출판하는 이 책은 앞서 출판한 2권의 내용을 기초로 하여
집필하였다. 필자들이 8년 동안 직접 아이를 키우면서 경험한 것을
토대로 내용을 재구성한 것이다. 아이 엄마는 혹독한 투병생활 중에
서도 엄마의 끈을 놓지 않으려고 많은 애를 썼다. 투병생활을 하는
내용은 이 책의 집필 방향과 다르기 때문에 소개하지 못 하였지만 이
책에 실린 내용들 중에는 할아버지로서의 삶과 아버지로서의 삶의
경험이 묻어 있는 것이 많다.

이 책은 5장으로 구성되어 있다. 1장은 손주육아와 관련된 일반적
인 내용들을 실었다. 2장은 손주육아에 나서는 조부모들이 손주를

키우는 데 도움이 되는 내용들이다. 3장은 자녀를 키우는 젊은 엄마들을 위한 장이다. 젊은 엄마들을 이해하는 데 도움이 된다. 4장은 초보 조부모들의 삶에 대한 내용들로 구성되어 있다. 5장은 손주양육에 성공하기 위한 조건들이다.

바람직한 격대교육(조부모의 손주교육)은 무엇보다 조부모 자신에게는 보람이요 기쁨이 되어야 한다. 손주는 자기를 키워준 조부모를 사랑하고 존경하는 마음이 필요하다. 젊은 부모는 자녀를 키워준 것에 대한 감사의 마음을 갖는 것이다. 사람마다 '내가 살아온 인생과 손주가 살아갈 인생'은 서로 다를 수 있지만 격대교육을 통한 조부모의 손주 사랑은 끝이 없기 때문이다.

노인들은 직장에서는 은퇴했으나 그들은 자신이 아직도 일할 수 있는 의욕뿐만 아니라 능력도 있다고 믿고 있다. 그들은 은퇴 직전까지만 해도 자기 분야에서 성공적인 삶을 살아온 사람들이다. 6·25전쟁을 종식시키는 데 결정적인 역할을 한 인천상륙작전의 책임자였던 맥아더 장군이 은퇴식에서 한 유명한 말이 있다. "노병은 죽지 않고 사라질 뿐이다." 그렇다. 노인들은 죽지 않는다. 다만 자기 후손을 이 땅에 남겨두고 흙으로 돌아갈 뿐이다. 그러니 노인들은 자신이 죽는 것을 슬퍼하거나 괴로워할 일이 아니다. 오히려 어떻게 하면 자랑스러운 죽음을 맞이할 것인가에 대한 고민을 하는 것이 먼

저다. 후손에게 무엇을 남겨두고 떠날 것인가에 대해 고민하는 것이 훌륭한 조상이 할 일이다.

이 책이 필자와 같이 손주를 키우는 조부모들과 앞으로 키우고자 계획하고 있는 예비 조부모, 그리고 자녀를 조부모에게 맡기거나 맡길 계획이 있는 분들에게 유익하기를 기대해 본다.

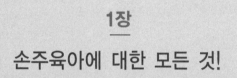

1장

손주육아에 대한 모든 것!

1. 육아에도 골든타임이 있다

30여 년 간의 공무원 생활을 마치고 정년퇴직을 한 A씨는 아내와 함께 8년 전 고향 가까운 시골에 새 둥지를 마련했다. 부부는 시골에 정착하면서 집 주변에 각종 과일나무를 심었다. 봄이면 아름다운 꽃을 볼 수 있는 매실과 사과나무를 비롯해서 감나무도 몇 그루 심었다. 몇 년이 지나자 과일 나무는 제법 자라서 아름다운 꽃을 피우고 열매가 주렁주렁 매달리기 시작했다. 그러던 어느 해 여름에 집 주변에 심어둔 감나무에 심각한 일이 일어났다. 감이 메추리 알 크기 정도로 자랐을 때 감나무 잎에 벌레가 꼬여 들어 한 그루의 감나무 잎을 모두 갉아 먹었다. 뒤늦게 농약을 쳐 보았지만 잎이 다 떨어진 감나무에 달렸던 감도 가을이 오기 전에 모두 떨어져 버렸다. 그해 감 농사는 실패했다. 농사 경험이 적어서 감나무를 제대로 관리하지 못했기 때문에 벌어진 일이다.

이듬해 봄 감나무에는 아름다운 감꽃이 가득 피었다. 감꽃이 떨어진 자리에는 앙증맞은 작은 감들이 고개를 내밀었다. 그러나 얼마

후 감나무에 조롱조롱 매달렸던 감이 모두 떨어졌다. 지난해 잎이 일찍 떨어진 탓에 감나무는 자신이 살아가는 데 필요한 충분한 영양을 섭취하지 못해서 탐스럽게 잘 자라던 열매를 버리고 생존의 길을 택했던 것이다. 주인은 2년 동안 단 한 개의 감도 따 먹지 못했다. 감나무에 날아든 벌레를 없앨 수 있는 적기(適期), 즉 '골든타임'을 놓친 결과다.

자녀를 키우는 데 있어서도 '골든타임'이 있다. 인간이 세상에 태어나서 건전한 사회인으로 살아가는 데 필요한 기초를 익히는 시기이다. 학자들은 아이가 태어나서 6세까지의 기간이 아이의 정상적인 성장에 가장 중요한 시기라 하여 '결정적 시기(critical period)'라고 부른다. 아동의 성장과 관련하여 학자들은 다양한 각도에서 어린 시절의 중요성을 강조하고 있다. 성숙이론가인 게젤(Gesell)은 0-5세 사이의 행동발달이 중요하다고 주장하였다. 정신분석학자인 프로이드(Freud)는 아동의 성격은 약 6세까지 부모와의 접촉을 통하여 형성된다고 생각하였다. 행동주의 심리학자인 반두라(Bandura)는 아동은 모방을 통해 배운다고 주장하였다.

이처럼 아이들은 태어나서 성장하는 동안 어른들의 보호와 도움이 필요하다. 아이들은 자라면서 인간으로서 살아가는 데 필요한 언어를 배우고 생활습관도 익혀야 한다. 사회생활을 하는 데 필요한 적절한 교육과 훈련도 받아야 한다. 아이가 태어나서 자라나는 동안

부모나 어른들의 도움을 받아야 하는데 이것이 '육아의 골든타임' 이다. 이 시간이 매우 중요하다.

아이는 태어나자마자 걸어다닐 수 없다. 자신의 생각을 말이나 글로 표현하지도 못 한다. 그리고 아이가 성장하는 과정을 생략하거나 건너뛸 수도 없다. 지나간 시간을 되돌릴 수도 없다. 어릴 때 배운 사투리가 어른이 되어서도 잊혀지지 않는 것처럼 어린 시절에 몸에 익힌 습관은 어른이 되어서도 바꾸기가 쉽지 않다. 어린 시기에 충분한 보호와 교육을 받지 못 하면 아이는 성장한 후에도 많은 어려움을 겪을 위험이 있다.

세상의 각종 사고는 시간이 지나면 완벽하지는 않지만 어느 정도 해결할 수 있다. 그러나 아이를 키우는 것은 세상의 질병이나 사건 사고의 처리와는 다르다. 그 결과는 상상을 초월할 정도로 차이가 난다. 아이를 잘못 키우면 그로 인해 그 아이는 물론이고 부모도 수십 년 동안 어려움을 겪게 된다. 그 영향이 대를 이어 나타날 수도 있으며 좋지 못한 영향이 사회적으로 확산될 염려도 있다. 조부모의 사랑 가득한 돌봄과 작은 희생이 아이의 올바른 성장에 도움이 된다.

2. 사랑받는 조부모의 3가지 조건

최근에 퇴직한 S씨는 지난 설날 대학에 다니는 아들과 대화를 하다가 충격을 받았다. 아들은 학교를 졸업하고 나서 취직을 하기 전에 해외여행을 다녀올 계획이라는 말을 했다. 아버지는 맏아들이 일찍 결혼해 주기를 은근히 바라고 있던 터라 아들에게 한 마디 건넸다.

"그러면 결혼은 언제 할 건데?"

"아버지, 저는 결혼을 꼭 해야 한다고 생각하지 않아요. 제 주위에는 독신을 주장하는 친구들이 많이 있어요. 남자뿐만 아니라 여자들도 비슷한 생각을 하고 있어요."

"너는 우리 집안 장손이니까 결혼해서 우리 가문의 대를 이어갈 자녀를 낳아야 한다."

요즘 젊은 사람들은 나이든 사람들이 자신들의 일에 관심을 가지거나 조언 하는 것을 간섭이라 여기는 경향이 강하다. 결혼문제뿐만 아니라 먹고 입는 문제에 대해서도 자신의 방식을 고수하다가 기성

세대와 충돌하기도 한다. 그러다 보니 세대간에 대화가 줄어들고 생각의 차이가 점점 벌어지게 된다. 가족간에 친밀감이 옅어지고 있다. 힘들게 키운 자녀들이 나이든 부모를 무시한다는 생각이 들 정도다. 사랑은 고사하고 다툼이 일어나는 일도 흔하다.

나이든 세대가 젊은 세대의 사랑과 존경을 받는 3가지 조건은 다음과 같다.

첫째, 말을 줄여라. '침묵은 금이다' 라는 격언은 나이가 든 어른들에게도 적용된다. 옛날부터 말로 인한 오해나 다툼이 많았기에 국어사전에는 '설화(舌禍)' 라는 말이 들어 있다. 말을 많이 하다보면 실언도 많아지는 법이다. 나이든 세대의 입장에서는 젊은 세대에게 조언을 한다는 생각에서 건네는 말들이 젊은 세대에게는 잔소리로 들릴 수도 있다. 공병호 박사의 『나는 탁월함에 미쳤다』에는 그가 50대에 들어서면서 금하는 7가지 중에 '간섭하지 않는다' 가 들어 있다.

"주변 사람들에 대해 '잘 할 수 있을까' 라는 노파심이 드는 경우라도 일단 믿고 맡겨 보라. 자신이 반드시 책임져야 할 대상이 아니고 상대방으로부터 요청을 받지 않은 경우라면, 먼저 나서서 조언을 하는 것은 삼가는 것이 좋다. 물론 상대방이 요청한 때조차도 대안을 제시하되 선택은 상대방이 하게 하는 지혜를 발휘하라."

둘째, 지갑을 열어라. '곳간에서 정 난다'라는 옛말이 있다. 나누어 주는 삶이 중요하다. 조부모는 자녀들에게 자신이 가진 것을 나누어주는 것을 좋아한다. 자식들뿐만 아니라 주변사람들에게도 나누어 주는 삶을 살아간다. 혼자만 잘 먹고 잘 사는 사회가 아닌 더불어 잘 사는 사회를 이루기 위해서 조부모의 나누는 삶의 모습은 대를 이어 전해져야 한다.

가나안농군학교를 설립한 김용기 장로 가문은 또 다른 차원의 이웃 사랑을 실천한 가문이다. 그의 어머니의 이웃 사랑에 대한 일화다.

"마을의 가난한 아낙네가 아기를 낳았을 때는 으레 미역과 함께 쌀 한 말을 보내주시며 혹 누구네가 한 끼라도 굶는 것을 아시게 되면 온 집안 식구들을 한 끼 단식시키고 그 양식을 대신 그 굶는 집에 보내주셨다."

이후로 김용기 장로 형제들은 식사 때가 다가오면 마을을 돌아다니며 끼니를 굶는 사람들을 찾아다니는 것이 생활습관이 되었다. 가난한 이웃을 도와주는 사람 중에는 돈이 많은 사람도 있지만 김용기 장로 가문처럼 자기가 먹을 것을 먹지 않고 나눔을 실천하는 사람도 많이 있다. 부자든 가난한 사람이든 이웃을 돕기 위해서는 자신의 주머니를 열어야 한다. 말이 아닌 행동이 필요하다.

셋째, 소통하라. 이것은 조부모가 후손들에게 사랑받기 위한 가장 중요한 조건일 수도 있다. 평균수명이 80세를 넘어서는 현대에는 조부모와 젊은 부모가 40년 가까이 함께 살아가야 한다. 소통이 제대로 이루어지지 않으면 이 세월은 서로에게 고통의 시간이 될 수 있다. 서로를 칭찬하고 이해하는 것이 중요하다. 특히 손주를 키우는 조부모들은 손주의 좋은 점을 젊은 부모와 공유하는 지혜가 필요하다.

3. 격대교육은 손주 성공의 밑거름이다

격대교육을 통해 성공한 인물로는 미국의 43대, 44대 대통령을 지낸 오바마 대통령이 있다. 오바마는 케냐 출신 아버지와 미국 출신 어머니 사이에서 태어났다. 부모가 이혼을 하자 2살된 오바마는 외조부모의 손에서 자랐다. 은행원이었던 외할머니는 오바마를 하와이에서 가장 좋은 사립고등학교에 보내 공부를 시켰다. 오바마의 두 딸도 어린 시절에 외할머니 손에서 자랐다. 직장생활을 하는 아내를 대신하여 장모가 아이를 키워준 것이다. 2대에 걸쳐 외할머니들이 손주를 키워준 가정이다.

조선시대 이문건(李文楗, 1494~1567)이라는 선비는 고려말(末)의 유명한 재상이자 충신이었던 이조년(李兆年, 1269~1343)의 8대 후손이다. 조광조의 문하생이었던 이문건은 두 번이나 유배를 떠났다. 그는 두 번째 유배지에서 맏손자 숙길이 태어나자 양육일기를 쓰기 시작했다. 그의 나이 58세(1551년)였다. 아들이 일찍 세상을 떠나자 손자를 직접 교육하였다. 손자가 태어나던 날을 시작으로 자신이 세상을 떠나기 전까지 16년 동안 손자양육에 얽힌 이야기를 기록했다. 그 기록이 바로 『양아록(養兒錄)』이다.

이 양아록에는 할아버지의 손자 사랑과 손자의 삶이 자세하게 기록되어 있다. 오늘날 전해오는 조선시대 양반 가문의 자녀교육의 일면을 보여주는 기록이다.

이문건의 손자 숙길은 집안의 명성에 미치지 못 하는 어린 시절을 보냈다. 그가 13살 즈음에는 할아버지를 비롯한 식구들로부터 60대의 회초리를 맞기도 했다.

이문건은 세상을 떠나기 전에 양아록을 손자에게 건네주었다. 손자의 나이는 17세였다. 손자에 대한 할아버지의 소망과 사랑이 담긴 양아록을 받아든 숙길의 삶은 바뀌었다. 그는 과거에 급제하지 못했지만 1592년도에 임진왜란이 일어나자 괴산지역에서 의병을 일으켜 목숨을 걸고 싸웠다. 왜란이 끝나고 나라에서 상을 주려 하자 그는 백성으로서 마땅히 해야 할 일을 했을 뿐이라며 사양했다. 이문건이 16년 동안 애써 손자를 키운 것이 헛되지 않았다.

이처럼 조부모가 세대를 뛰어넘어 젊은 부모를 대신하여 손주를 키워주는 것을 격대교육(隔代敎育, grandparenting)이라고 한다. 부부 중심의 핵가족 사회에서 잊혀져가던 전통적인 손주양육법이다. 이것은 단순히 나이 많은 조부모가 손주를 키워주는 황혼육아(黃昏

育兒)나 손주양육과 같은 일반적인 보육의 개념을 넘어서고 있다. **이 책에서는 단순한 육아에 더해서 아이에게 가정교육이나 인성교육, 나아가 간단한 학습지도와 같은 기초적인 교육의 개념을 도입한 육아를 조부모의 손주양육 즉, 격대교육이라고 부른다.**

조부모의 손주양육은 손주들이 바르게 성장하는 데 밑거름이 된다. 동시에 손주 성공의 디딤돌이 될 수 있다. 성공한 사람들 중에 조부모의 보살핌을 받으며 성장한 사람이 많은 것을 보면 알 수 있다. 간혹 조부모의 잘못이 후손들에게 부끄러움이 되는 경우에는 조부모는 손주들의 삶에 걸림돌로 작용할 수도 있다.

격대교육이 필요한 경우

과거 농경사회에서는 3,4대가 한 지붕 아래에 살면서 가족이 공동으로 어린 아이를 양육하였다. 그러나 부부 중심의 핵가족 제도가 정착된 오늘날에는 옛날과 같은 격대교육이 불가능하게 되었다. 그렇다면 왜 첨단산업이 발달한 21세기에 격대교육이 재조명을 받게 되는 것일까? 그것은 격대교육이 일하는 엄마들의 육아부담을 덜어줄 뿐만 아니라 조부모들의 풍부한 인생경험과 양육경험이 손주들을 바르게 양육하는 데 크게 도움을 주기 때문이다. 자녀양육비 절약과 가족간의 화합은 격대교육이 주는 보너스다.

격대교육은 핏줄을 이어받은 자손들을 가르침과 동시에 부모의 보살핌을 받지 못 할 환경에 처한 아이들에게도 도움을 줄 수 있는 교육방법이기도 하다. 격대교육은 다음과 같은 경우에 적절하게 적용될 수 있는 가정교육법이다.

첫째, 맞벌이 부부 가정이다. 일하는 부모를 대신해서 육아경험이 있는 조부모들이 손주를 정성껏 돌봐주는 것이다.

둘째, 한부모(혹은 편부모) 가정이다. 이혼을 비롯한 여러 가지 사정으로 엄마 혹은 아빠 혼자서 아이를 키우는 가정에 격대교육이 필요하다. 혼자서 아이를 돌보며 직장생활을 병행할 수 없기 때문이다.

셋째, 외국인 배우자와 결혼한 다문화가정 중에서도 아이 엄마가 한국어와 풍습에 서툰 외국인인 경우에 격대교육이 필요하다. 아이가 모국어를 익히기 위해서는 많은 시간을 함께 보내는 엄마의 언어능력이 중요하기 때문이다. 아이들은 조부모를 통해 언어를 비롯해서 문화와 풍습, 그리고 역사에 대해 배울 수 있다.

부모가 자녀를 직접 키울 수 없는 형편일 때 가장 가까이에서 아이를 맡아줄 사람은 조부모들이다. 그들은 자신들의 유전자를 물려받은 손주들을 사랑으로 돌봐주고 양육한다. 손주들을 양육하는 과정에서 보여주는 삶의 모습이 중요하다. 아이들에게 좋은 영향을 끼치는 조부모, 아이들이 성장하여 감사한 마음을 가질 수 있는 조부모들이 많으면 좋겠다. 손주들이 조부모가 되었을 때 자신을 키워준 조부모를 생각하며 자신들의 손주들을 키워주는 아름다운 세대계승이 이루어질 것이다.

　이러한 격대교육은 부모가 직장에서 일을 하는 동안에 아이를 돌봐 줄 수 있어서 맞벌이 부부들에게 커다란 환영을 받고 있다. 여성들의 고학력화와 사회진출이 활발해지면서 젊은 부모들이 가지고 있는 자녀 양육의 문제를 해결해 주는 하나의 방법이 되고 있기 때문이다. 자녀양육 때문에 결혼을 포기하거나 결혼한 부부들이 자녀출산을 미루는 문제를 어느 정도 해결해 줄 수 있는 방법이기도 하다. 시골 할머니의 장롱 속에 들어있던 조상들의 육아법이 새롭게 필요성을 인정받고 있는 것이다.

4. 조부모의 손주육아에 대한 9가지 오해

요즘 젊은 엄마들은 조부모 세대보다 더 많이 배웠다. 그러다보니 아이를 키울 때는 부모들이 물려주는 육아법보다 과학적인 방법을 더 선호한다. 그래서 엄마들이 육아를 조부모에게 맡겨야 하는 상황에서 젊은 엄마들의 고민은 늘어난다. 과연 '조부모들이 손주를 잘 키울 수 있을 것인가?' 하는 문제다.

조부모들도 손주 육아에 대한 고민은 있다. 육체적인 어려움보다 현대적인 손주교육을 잘 해낼 수 있을 것인가에 대한 고민이 더 크다. 뿐만 아니라 손주양육에 나서는 조부모에 대한 주변의 기대와 염려는 그들에게 스트레스가 된다.

손주양육에 대한 허설(虛說)에는 다음과 같은 것들이 있다.

첫째, 손주 키우기는 재미있다?
손주를 키우는 것은 조부모들에게 많은 기쁨을 주는 것은 사실이다. 조부모와 젊은 부모와의 관계가 매끄럽지 못 할 때나 마지못해 손주를 키워주어야 하는 경우에는 손주육아는 조부모에게 부담이 되기도 한다.

둘째, 자녀를 잘 키운 조부모는 손주도 잘 키울 수 있다?

아이는 자기만의 색깔을 가지고 태어나며 자신의 길을 간다. 자녀 양육에 성공한 방법들이 손주의 양육에 도움이 될 수는 있을지언정 반드시 잘 키운다는 보장은 없다. 물론 반대의 경우도 마찬가지다. 자녀를 잘 키우지 못 한 조부모들이라도 손주를 잘 키울 수 있다.

셋째, 조부모가 키운 아이는 버릇이 없다?.

이것은 조부모의 사랑이 넘치기 때문에 생기는 오해에 기인한다. 조부모가 키운 아이들 중에도 훌륭하게 자란 사람들이 많이 있다. 미국의 오바마 대통령이나 빌 게이츠, 영국의 버트란트 러셀 같은 인물은 그러한 염려를 없애 준다. 이것은 절반의 진실이다.

넷째, 조부모가 아이를 키워 주면 아이 부모는 감사한 마음을 갖는다?

손주를 키우면서 크고 작은 갈등이 일어날 수 있다. 손주양육으로 인해 가정에 평화가 깃들일 수 있지만 그 반대의 경우도 적지 않다.

다섯째, 조부모가 젊은 부모보다 아이를 더 잘 키운다?

육아 경험이 있는 조부모가 젊은 부모에 비해 아이 양육에 대한 일반적인 지식이 많을 수는 있다. 그러나 과거의 경험이 현재에도 그대로 적용되지는 않는다. 30여 년의 세월동안 육아와 관련된 첨단 정보와 지식이 많아졌기 때문에 오히려 그 반대의 경우가 존재할 수도 있다.

여섯째, 손주를 잘 키우기 위해서는 조부모의 학력이 높고, 경제적인 여유가 있어야 한다?

조부모의 배움의 정도나 경제력이 아이의 성공에 도움을 주는 요소 중 하나일 수는 있으나 충분조건은 아니다.

일곱째, 조부모는 손주에게 사랑을 쏟기만 하면 된다?

조부모와 손주는 적어도 50년 이상의 연령 차이가 난다. 따라서 조부모와 손주 사이에 삶의 방식과 사고방식이 다를 수 있다. 조부모의 생각을 손주에게 강요할 수도 없고 그렇게 해서도 안 된다. 손주에게 사랑뿐만 아니라 올바른 훈육도 필요하다. 육아에 대한 지식도 갖추면 좋다.

여덟째, 손주가 없는 노인은 불행하다?

대를 이을 자녀를 중요하게 생각하는 노인들에게는 손주가 없는 것은 불행의 원인이 될 수도 있다. 그러나 자기의 핏줄을 이어받은 손주 외에도 노인들의 사랑을 필요로 하는 아이들이 많이 있다. 그들을 사랑하고 보살피는 것으로 행복을 맛볼 수도 있다.

아홉째, 손주양육은 조부모의 삶을 악화시킨다?
경제적으로 어렵거나 건강하지 못 할 경우 손주를 키운다는 것은 매우 힘든 일일 수 있다. 그러나 노년의 시간을 손주의 재롱을 보며 지낸다는 것은 행복한 일이 될 수 있다.

조부모들이 손주를 키우는 일은 결코 쉬운 일이 아니다. 조부모의 손주육아에 대한 오해들은 단순한 오해에 불과한 경우도 있다. 손주 육아에 대한 생각과 태도는 자신들이 처한 환경과 형편에 따라 차이가 많이 난다. 조부모의 손주양육을 통해 아이가 건전하게 자라는 것은 개인과 가정뿐만 아니라 사회 전체적으로도 매우 중요한 일이다.

5. 아름다운 격대교육의 대물림

한 가문에서 3대째 조부모가 손주를 키워주는 격대교육이 이루어지는 보기 드문 가문이 있다. 2018년 평창동계올림픽이 열렸던 강원도 평창군 진부면 횡계리에서 황태요리를 전문으로 하는 식당을 운영하는 K씨 집안이다. 60대 후반의 K씨는 7남매 중 맏딸로 태어나서 초등학교 1학년까지 외갓집에서 자랐다. 어머니와 어린 동생들은 공무원이었던 아버지를 따라 강원도 일대를 다니며 살았다.

서당 훈장이었던 외할아버지는 손주들뿐만 아니라 손주 또래의 마을 아이들을 모아놓고 한문을 가르쳤다. 어린 외손인 K씨는 학교에서 돌아오면 남자 아이들과 함께 한문을 배웠다. 배움에 있어서 남자와 여자를 차별하지 않는 할아버지였다. 그 덕분에 그는 일찍부터 적극적인 삶의 방식을 배웠다. 외할아버지는 시간이 날때마다 손주들에게 삶의 교훈을 들려주었다. "지는 게 이기는 것이다."라는 말씀은 평생 삶의 지표가 되었고, K씨가 자녀와 손주들에게 전해주는 말이 되었다. 삶의 조언들은 이 가문의 가훈으로 이어지고 있다.

외할머니는 인자하였다. 어린 시절 그는 자신을 항상 사랑으로 보살펴 주는 외할머니를 매우 좋아했다. 외할머니는 음식솜씨가 뛰어났었다. 어린 K씨는 외할머니 곁에서 일을 도와주면서 음식 만드는 법을 배웠다. 그는 외할머니가 만들어준 맛있는 별미들을 지금도 기억하고 있다. 식구들은 외할머니가 생각날 때면 그 별미를 만들어서 먹는다. 외할머니의 음식솜씨는 K씨가 물려받았다. 그는 결혼 후 고향 부근에서 음식점을 운영하다가 25년 전쯤에 지금의 진부면 횡계리로 이사를 왔다. 스키장이 개발되면서 집단으로 이주하는 기간에 합류한 것이다.

K씨의 아들 3형제는 친정어머니가 키워주었다. 맏아들은 초등학교를 졸업할 때까지 외갓집에서 자랐다. 남편과 함께 식당을 운영하는 동안 친정어머니가 정성스럽게 키워주신 것이다.

아이들을 친정에 맡기는 것이 항상 좋은 것은 아니었다. 가끔씩 아이들을 보러 친정에 가면 아이들은 할머니 등 뒤로 숨기가 일쑤였다. 밤에는 엄마와 함께 자는 것이 아니라 베개를 들고 할머니 방으로 가서 잠을 자기도 했다. 아이들이 성장하고 나서야 엄마의 자리를 찾았다.

이 가문은 3대째 격대교육이 진행 중이다. 둘째 아들이 낳은 손주를 사돈 내외가 맡아서 키우고 있다. 본인이 외갓집에서 자랐고, 자녀들을 친정어머니가 자녀들을 잘 키워주었기 때문에 손주를 사돈 댁에 마음 놓고 맡기게 되었다고 한다. 이 가문에서 격대교육은 자녀양육의 좋은 방법이 되었다.

K씨는 조부모와 함께 한 추억의 순간들을 할머니가 된 지금도 생생하게 기억하고 있다. 부모와 함께 한 추억보다도 더 선명하게 남아 있다고 한다. 그는 격대교육에 대해 긍정적인 생각을 가지고 있다.

"요즘 젊은 부모들은 앞만 보고 살다보니 자녀들의 인성교육에 무관심하기 쉬워요. 공부에만 매몰되어 인성의 중요성을 등한시하는 경향이 있기 때문이지요. 가능하다면 조부모가 손주를 키워주는 것이 좋다고 생각합니다. 조부모는 인성교육뿐만 아니라 손주들에게 참사랑을 베풀어 줄 수 있습니다. 그들은 사랑하는 법을 알고 있습니다. 때로는 손주들에게 배워서 베풀어 주는 것이 필요합니다."

K씨의 말은 지금도 손주를 키워주는 조부모들에게 신선한 희망을 주고 있다.

6. 손주는 귀한 열매이다!

세상에 태어나는 모든 아기는 행복할 권리가 있다. 그러나 현실적으로 아이들이 성장하는 환경은 천차만별이다. 어떤 아이는 가정의 보배처럼 대접을 받으며 자란다. 어떤 아이는 태어나자마자 부모로부터 버림을 받아 남의 눈칫밥을 먹으며 성장하기도 한다.

서울에 사는 K씨는 중학생인 외손자를 바라보면 행복을 느낀다. 직장에 다니는 딸 대신에 자신이 키운 아이가 별탈이 없이 잘 자라고 있기 때문이다. 첫 외손자는 자기 부모를 닮아서 학교 성적도 우수한 편이다. 아이는 특목고에 진학하여 공부한 후 외국 대학으로 유학을 갈 목표를 세워두고 열심히 공부를 하고 있다. 아이의 장래 희망은 외교관이다. 모든 식구들의 기대를 한 몸에 안고 열심히 살아가는 이 아이는 가족들의 자랑거리다. 어른들은 아이가 자라서 자신의 꿈을 이루어 훌륭한 인물이 될 것이라는 기대를 갖고 있다.

단양에 사는 80세의 할머니는 혼자서 열 두 살 난 손자를 키우고 있다. 아들 내외가 이혼을 하면서 맡긴 손자다. 5년 전 남편이 세상을 떠나고 난 뒤로는 병든 몸으로 혼자서 손자를 키우고 있다. 사춘기에 접어든 손자는 학교 공부에는 관심이 없고 친구들과 돌아다니기를 좋아하고 있어서 할머니의 기쁨이 아니라 짐이 되고 있다. 할머니에게 반항하는 날에는 할머니의 마음은 무겁다.

이 할머니에게는 손자가 어른이 될 때까지 살았으면 하는 소박한 소망이 있다. 아이가 학교에 다니는 동안 남들처럼 손자를 잘 키우고 싶기 때문이다. 그러나 현실은 그렇지 못 하다. 겨우 입에 풀칠을 하는 정도의 수입으로는 손자를 제대로 먹이고 입히는 것도 버겁다. 손자를 대학에 보내는 것은 고사하고 고등학교에 보낼 수 있을지도 알 수 없는 형편이다. 그렇다고 손자를 시설로 보내거나 손자 키우는 것을 그만둘 수도 없다. 혈육이라는 정 때문이다.

철부지처럼 보이는 아이에게도 고민은 있다. 할머니가 언제 자기 곁을 떠날지도 모른다는 두려움이다. 부모가 할머니와 자기를 버리고 집을 떠났기 때문이다. 속으로는 할머니가 건강하게 오래 사셔서 자기의 효도를 받으시기를 바라지만 겉으로 표현하지 못 하고 있다. 자기의 고민을 털어놓을 사람도 없다.

일반 가정에서 자녀들이 결혼하면 손주를 기다리고, 손주가 태어나면 온 가족이 기뻐한다. 손주가 태어나는 것은 가문의 축복으로 여긴다. 과거에는 가문의 대를 이을 손자의 출생은 매우 중요하게 여겼다. 그러나 오늘날에는 손자와 손녀의 구별이 없다. 건강한 아이를 낳아서 훌륭하게 키우는 것이 더 중요한 시대가 되었다. 누가 뭐라해도 조부모에게 있어서 손주는 귀한 후손이다. 자신들의 대를 이을 아이들을 정성껏 돌보는 것을 행복으로 여긴다.

7. 일곱 색깔 무지개를 찾아라

어둠이 내리던 여름 초저녁, 나는 일곱 살 된 외손녀의 손을 잡고 아파트 단지를 걸었다. 내 손을 잡고 흥에 겨워 조잘대던 손녀가 내 팔을 잡아당기며 말했다. "할아버지, 저기 별이 하나 보여요." 나는 손녀가 가리키는 밤하늘을 바라보았다. 내 눈에는 어두운 밤하늘에 별이 보이지 않았다. 손녀를 실망시키지 않으려고 무심하게 대답했다. "그래, 별이 보이는구나."

조금 더 걷다가 손녀가 다시 말을 하였다. "할아버지, 저기도 별이 보이고 또 저기도 별이 보여요. 정말 별이 무수히 많아요." 그제야 나는 걸음을 멈추고 손녀와 함께 밤하늘을 찬찬히 훑어보았다. 구름 사이로 몇 개의 별이 보였다. 할아버지인 내 눈에는 몇 개의 별만 보였는데 손녀의 눈에는 여러 개 보였던 것 같다. 그 중에는 눈에 보이는 것뿐만 아니라 자기 가슴에 품고 있는 여러 개의 별도 포함되어 있었음에 틀림이 없다. 손녀는 누군가로부터 배운 밤하늘의 별에 관심을 가지고 있었지만 할아버지는 하늘을 쳐다보기는커녕 눈앞에

땅만 내려다보며 살아온 결과였다.

우리는 가던 발걸음을 멈추고 하늘에 떠 있는 별을 세어 보았다. "별 하나, 나 하나, 별 둘, 나 둘……." 나도 모르게 어릴 때 시골 집 마당에 누워 별을 세던 기억이 떠올라서 입가에 미소를 지었다. 잊고 지내던 추억이다.

하늘은 언제나 말없이 그 자리에 있다. 낮이면 태양이 빛을 비추고 밤이면 달과 별이 그 자리를 지킨다. 때로는 검은 구름이 태양을 가리기도 한다. 궂은비가 내린 뒤에는 먼 산에 아름다운 무지개가 뜬다. 어린 시절에는 그 무지개가 어디서 시작되었는지 알기 위해 무지개를 좇아간 적도 있다. 바쁜 일상에 쫓기며 살다보니 나는 하늘에 떠 있는 무지개를 바라볼 여유마저도 가지지 못 했던 것 같다. 조부모들이 쳐다보는 하늘은 어떨까? 어린 손주나 젊은 사람들이 느끼는 하늘과 같을까 다를까?

어린 아이들에게 파란 하늘은 넓은 도화지가 된다. 아이들은 하얀 도화지에 자신들의 꿈을 그린다. 남들이 모르는 자신만의 꿈을 그린다. 마음에 들지 않으면 지우고 다시 그린다. 어떤 아이는 큰 그림을 그리고 어떤 아이는 작은 그림을 그린다.

아이들은 꿈을 꾼다. 상상의 나래를 펼치고 뭉게구름을 타고 머나먼 길을 여행하는 꿈을 꾸기도 한다. 그들은 어린 왕자처럼 우주를 비행하거나, 라이트 형제처럼 비행기를 만드는 꿈을 꾸기도 한다.

많은 사람들의 심금을 울리는 성악가의 꿈도 있고, 올림픽 경기에서 금메달을 목에 거는 꿈도 있다. 어른들의 눈에는 유치하거나 허황된 것일 수도 있지만 아이들에게는 소중한 꿈이다.

아이들의 꿈은 끝이 없다. 어른들이 보기에는 실현불가능하게 보일 수도 있고 위험한 꿈일 수도 있지만 아이들은 꿈을 꾸어야 한다. 큰 꿈을 꾸어야 한다. 그리고 그 꿈을 이루기 위해 노력해야 한다. 꿈을 꾸는 자만이 자기분야에 성공할 수 있기 때문이다. 꿈이 없으면 희망이 없고, 희망이 없으면 불행하다. 힘들고 어려운 일이 닥칠지라도 결코 포기하지 않는 의지가 필요하다. 아이들이 자신의 미래에 대한 꿈을 그리기를 반복하면서 그들의 꿈은 하나씩 실체를 드러낸다.

어린 아이를 키우는 조부모들이 할 일은 아이들이 좋은 꿈을 꿀 수 있도록 도와주는 것이다. 그 꿈을 향해 즐겁게 나아갈 수 있도록 격려해 주는 것이다. 가끔씩은 조부모들이 어릴 적 가졌던 꿈에 대한 이야기도 곁들이면 도움이 된다. 어떻게 그 꿈을 이루었으며 어떤 어려움을 어떻게 극복했는가를 들려주면 좋다. 어린 손주의 손을 잡고 호젓한 산길을 걸으면서 아름다운 추억을 만드는 여유를 가져보자. 사랑하는 손주가 아름다운 무지개를 찾아 나설 때 좋은 길동무가 되어줄 수 있는 조부모의 지혜는 귀하다.

8. 아이에게 넓은 초원이 필요하다

외손녀와 함께 대관령 목장을 다녀온 적이 있다. 우리나라에서는 흔하지 않은 목장 풍경이어서 가족이 시간을 내서 찾아간 것이다. 이 목장에는 눈이 내리는 겨울을 제외한 봄부터 가을까지 사람들이 줄을 이어 찾아온다. 산 정상까지는 걸어갈 수도 있고 셔틀 버스를 이용할 수도 있다.

우리는 목장 입구에서 셔틀버스를 기다렸다. 젖소와 양을 볼 수 있다는 기대를 가진 어린 외손녀는 불평 한 마디 없었다. 셔틀 버스를 타고 산 정상으로 가는 동안 손녀는 차창 밖의 풍경에서 눈을 떼지 못했다. 처음 보는 풍경이 신기하였던 모양이다.

해발 1,100m가 넘는 높은 산 정상에서 내리자 광활한 초원이 눈앞에 펼쳐졌다. 신선한 바람과 풀 향기는 이곳을 찾아온 사람들을 즐겁게 해 준다. 이곳 전망대에서는 날씨가 쾌청하면 동해바다를 볼 수 있고 푸른 바다의 소식을 품은 바닷바람이 백두대간을 넘을 때 전해주는 동해바다의 소식을 들을 수도 있다.

푸른 초원과 풍력발전기, 그리고 병풍처럼 둘러쳐진 켜켜이 쌓인 계곡은 사진 찍기 좋은 풍경을 이루고 있다. 젖소와 양을 보러온 처음의 목적은 잠시 잊고 자연을 마음껏 즐긴다. 부모와 함께 온 어린아이들이 풀밭을 달리면서 소리를 지른다. 젊은 연인들은 휴대폰으로 사진을 찍어 추억을 담는다.

깨끗한 공기를 한껏 들이마신 사람들은 양떼를 찾아 산을 내려간다. 자동차를 타는 대신에 걸어서 간다. 비탈길을 따라 조금 내려가면 나무 울타리가 처진 양떼 목장이 나온다. 울타리 안에는 수십 마리의 양들이 한가로이 놀고 있다. 사람들이 건네주는 풀을 먹기 위해 울타리 근처로 몰려드는 양들도 있다. 어떤 녀석들은 목을 한껏 내밀어 울타리 바깥에 있는 풀을 먹으려 애를 쓴다. 울타리 사이에 머리를 내민 양과 풀을 주는 어린아이들은 어느새 친구가 된다. 여기서는 관람객들에게 관심을 보여주는 양이 인기가 최고다.

울타리에 가두어 둔 양을 보면서 잠시 엉뚱한 생각을 해 보았다. '저렇게 순하게 생긴 양들을 사람들은 왜 울타리 안에 가두어 놓고 키울까? 그들에게 완전한 자유를 줄 수는 없는 것일까? 만약 누군가가 신선한 풀을 먹고 싶어하는 양을 위해 울타리를 걷어 준다면 양들은 어떻게 될 것인가?' 한참 상상의 나래를 펼치고 있는데 곁에 있던 외손녀가 팔을 잡아당겼다. 양 한 마리가 자기에게로 와서 손에 든 풀을 먹으려 하자 아이는 기뻐서 할아버지에게 자랑하고 싶었던 것이다.

　사람들이 양을 울타리 안에 가두어 두고 키우는 것이 양에게는 행동반경을 구속하는 일이다. 좋아하는 풀도 먹지 못하고 세상구경도 제대로 할 수 없기 때문이다. 그러나 양에게 무한대의 자유를 주게 되면 양은 오히려 생명의 위험에 직면할 수도 있다. 초식동물인 양은 포식자들로부터 보호받아야 한다. 그들을 지켜주는 울타리나 돌보아 주는 목동이 있을 때 오히려 더 편안하게 지내며 풀을 먹을 수 있다. 한정된 공간이기는 하지만 이리 저리 다니며 자기가 좋아하는 풀을 먹으며 마음껏 뛰놀 수가 있다.

　아이가 태어나면 어른들의 보살핌과 교육이 필요하다. 울타리가 쳐진 넓은 초원에서 양들이 마음대로 뛰놀도록 해 주듯이 아이들에게도 넓은 활동 공간이 필요하다. 물리적인 공간뿐만 아니라 정신적인 공간, 즉 마음의 여유로움도 필요하다. 그곳에서 자신의 꿈을 실현하기 위해 돌아다닐 수 있어야 한다. 어린 아이에게 무한대의 자유를 주는 것은 위험한 일이다. 그렇다고 아이를 성인이 될 때까지 좁은 공간에 가두어 둘 수도 없다. 끊임없는 간섭이 아니라 넓은 목장과 같은 여유로움이 필요하다. 그 속에서 아이는 달리기도 하고 친구를 만나기도 하며 세상을 살아가는 법을 배우게 된다. 부모의 훈육이 아이의 자유를 억압하거나 꿈을 구속해서는 안 된다. 자유와 방종은 엄연하게 차이가 있기 때문이다. 때로는 넘어지기도 하고 친구들과 싸우기도 하지만 스스로의 세상을 만들어 가면서 건강한 사회인으로 성장하게 될 것이다.

9. 신(新) 군사부일체(君師父一體)가 답이다

군사부일체(君師父一體)라는 말이 있다. 이는 '임금과 스승 그리고 아버지를 동등하게 존경해야 한다.'는 의미로 해석할 수 있다. 옛날 사람들은 가정의 평안과 사회의 안녕을 위해서 필요한 교육방침이라고 생각했다. 그러나 이런 교육은 요즘 젊은 사람들에게는 먼 옛날 얘기일 뿐이다. 국가지도자나 회사 선배를 존경하는 사람들은 점차 줄어들고 있다. 스승과 아버지에 대한 존경심도 예전만 못하다.

조상들이 중요하게 생각했던 군사부일체(君師父一體)는 다음과 같은 신군사부일체(新君師父一體)로 새롭게 해석되어야 한다.

첫째, 엄한 아버지가 아닌 자상한 아버지가 필요하다. 엄부자모(嚴父慈母)라는 말이 있듯이 과거 우리나라의 아버지들은 자녀들에게 엄한 아버지였다. 가정을 이끌어가는 가장으로서의 권위는 막강하였다. 아버지나 어른들의 이름(銜字)을 어린 아이들이 함부로 입에 담아서는 안 된다고 가르쳤다. 어른들의 이름을 직접 부르는 대신 집집마다 택호(宅號)를 부여해서 사용하도록 했다. 우리 어머니는 '경산댁'으로 불렸다.

산업사회를 지나 IT시대의 아버지들은 가정에서 권위자로 살기에는 너무 바쁘다. 아이들과 만나는 시간이 과거와는 비교할 수 없을 정도로 적다. 그러다보니 가정에서의 아버지의 역할은 축소되고 더불어 아버지의 권위도 크게 줄어들었다. 오히려 어머니의 역할과 권위가 아버지보다 더 강해졌다. 이와 같이 시대가 변함에 따라 아버지의 역할도 바뀌어야 한다. 훈육하는 아버지보다는 자녀들과 잘 놀아주는 아버지가 보편화된 시대가 되었다. 자녀들의 교육문제와 진로문제를 상담해 주는 다정한 아버지 역할이 필요한 시대가 된 것이다.

둘째, 제자를 사랑하는 선생님이 되어야 한다. 과거에는 아이들이 서당에서 글을 배울 때는 훈장님이 마을에서 가장 많이 배운 사람에 속했다. 훈장님의 가르침은 권위가 있었다. 그때는 학생들은 스승의 그림자도 밟지 않아야 한다고 교육을 받았다. 선생님에게 함부로 말하거나 행동해서는 안 된다는 의미이기도 하다. 교권이 살아야 바른 교육이 가능하다는 의미도 포함되어 있다. 하지만 요즘 교육현장에서의 선생님의 권위는 과거와는 비교할 수 없을 정도로 낮아지고 있다.

요즘 아이들은 학교 교실 바깥에서도 자기들이 원하는 것을 배우는 시대가 되었다. 도서관이나 서점에 가면 많은 책들이 아이들의 선택을 기다리고 있다. 인터넷에 접속하면 자신이 찾고자 하는 정보를 무한정으로 얻을 수 있다. 지식정보사회가 가져다 준 혜택 중 하나이다.

아이들은 학교를 다니는 동안 삶의 기초를 배우고 높은 수준의 학업을 수행하는 데 필요한 지식을 습득한다. 학생들에게 있어서 스승은 지식 전달자로서만 머무는 것이 아니다. 획일적인 전달이 아니라 배우는 사람의 입장을 고려한 일종의 맞춤형 교육을 지향하고 있다. 스승은 학생들이 위대한 꿈을 꾸고 그 꿈을 이루는 데 훌륭한 안내자인 동시에 조언자의 역할을 감당한다. 학생들이나 학부모가 학교와 선생님들을 신뢰하는 것이 필요하다. 공교육이 무너지면 사회적인 불안감이 조성되고 평등한 교육 한낱 구호에 그치게 된다.

셋째, 국민을 섬기는 대통령이 필요하다.

프랑스의 국왕 루이 14세가 '짐이 곧 국가다' 라고 말하던 시대에는 왕의 권력은 무소불위에 가까울 정도로 막강하였다. 그러나 민주주의 시대의 대통령의 권위는 예전만 못하다.

지도자에게 주어진 특권이 변함에 따라 그들의 통치방법도 달라지고 있다. 국가와 권력에 대한 일방적인 복종을 요구하던 시대는 지나갔다. 오히려 국가 지도자가 국민들을 위해 섬기는 자세가 필요한 시대가 되었다. 섬기는 지도자(servant leadership)의 마음 가짐이 권력을 휘두르는 지도자보다 더 존경을 받고 국민들이 따르는 시대가 되었기 때문이다.

젊은이들에게 어른들이 따랐던 과거의 생활규범을 그대로 따르라고 강제할 수는 없다. 그렇게 해서도 안 된다. 좋은 것은 계승을 하되 그 방법은 새로운 것이어야 한다. 시대에 맞는 옷이 필요하다. 21세기 지식사회에 걸맞은 새로운 형태의 행동규범이 요구된다. 아무리 좋은 제도나 사상이라도 그것을 지키지 않으면 아무 쓸모가 없기 때문이다. 21세기의 교육은 국제화 시대에 적합한 교육이어야 한다.

사람이 살아가는 데 필요한 3가지 교육 중에 한 축이 무너지면 개인은 물론이고 그가 속한 가정이나 사회도 혼란에 빠지게 된다. 가정과 학교, 사회가 자기 몫의 교육을 충실하게 담당하는 신군사부일체(新君師父一體)가 필요한 이유이다.

10. 육아법에 왕도는 없다

아이가 태어나면 많은 사람들의 축복과 함께 관심을 받는다. 특히 부모를 비롯하여 4명의 조부모들(친할아버지, 친할머니, 외할아버지, 외할머니)은 아이의 출생을 가문의 영광으로 여긴다. 동시에 그들은 아이의 양육에 많은 관심을 가진다. 대를 이을 아들의 경우에는 더욱 그러하다.

조부모들은 처음으로 육아를 하는 젊은 부모들에게 많은 조언을 해 준다. 목욕을 시키는 것부터 다양한 분야에 대해 자신들의 경험을 나누어 준다. 4명의 조부모들이 선호하는 육아법이 젊은 부모가 생각하는 육아법과 비슷할 수도 있고 다를 수도 있다. 조부모들의 육아에 대한 조언이 젊은 부모들의 생각과 다를 경우에는 세대간의 갈등으로 이어지기도 한다. 친가와 외가의 육아법에 차이가 나는 경우에도 문제가 발생할 우려가 있다. 아이를 키우는 방법에 대한 조언은 민감한 문제에 속한다.

부모의 3가지 자녀양육 유형

아이를 양육하는 부모의 유형에는 3가지가 있다고 한다. 바움린드(Baumrind)는 민주적인부모, 권위주의적인 부모, 허용적인 부모로 나누어 그 특징을 설명하고 있다.

첫째, 민주적인 부모는 아이를 양육할 때 적절한 기대치를 가지고 통제하면서 키운다. 이렇게 키운 아이는 책임감이 강하며 높은 학업성취를 보인다. 가장 바람직한 부모 유형이다.

둘째, 권위주의적인 부모는 강한 통제와 억압을 동원하여 아이를 키운다. 아이들은 부모의 말에 복종할 것을 요구 받는다. 이런 경우 아이들은 어른들의 권위 앞에서는 성실하고 착하며 공부 잘하는 아이처럼 행동한다. 그러나 어른들의 시야를 벗어나면 자기보다 약한 친구에게 폭군으로 변하기도 한다.

지방 소도시에 사는 B씨는 친한 언니의 아들 때문에 고민을 하고 있다. 그집 아이와 자기 아들이 같은 반 친구인데 학교에서 자기 아들을 몹시 괴롭히기 때문이다. 공부를 못 한다고 놀려대고 힘으로 제압하고 못살게 굴기가 예사다. 그런데 문제는 이런 사실을 아이 엄마는 전혀 모를 뿐만 아니라 자기 아들이 공부 잘하고 착하다고 자랑을 하고 있다는 점이다. 이처럼 권위주의적으로 자녀를 양육하면 그 자녀는 부모의 말에 순종하고 부모 앞에서는 아주 모범적인 자녀로 살아간다. 그러나 통제자의 범위를 벗어나면 자기 스스로가 권위주의자가 되어 버리는 것이다.

셋째, 허용적인 유형의 부모는 자녀의 요구를 거의 통제없이 들어주거나 아이의 일은 스스로 결정하도록 내 버려둔다. 이들은 자녀들에게 성숙한 행동을 요구하지 않을 뿐만 아니라 독립심을 키워주지도 않는다. 이런 환경에서 자란 아이들은 권위주의적 유형의 부모가 키운 자녀들과 마찬가지로 폭력성을 띄게 될 가능성이 크다.

육아정보의 공유를 통한 육아법의 통일

아이를 키우는 방법은 개인에 따라 다르다. 어떤 부모 밑에서 자라났는가도 관계가 있다. 시대에 따라서도 많이 다르다. 지금 조부모 세대와 젊은 부모 세대는 30여 년의 시간 차이만큼이나 육아법에도 차이가 있다. 과학과 의학이 발달하고 문화가 많이 변하였기 때문이다. 그로 인해 육아에 관한 생각의 차이가 많이 나타나고 있다. 게다가 한 가지 문제를 두고 육아 전문가들 사이에서도 서로 상반된 견해가 존재한다. 어떤 의견을 따라야 아이를 잘 키울 수 있을지가 걱정이다. 정보의 홍수 속에서 일어나는 부작용이다. 이것은 아이들의 심리상태나 육아법이 하나의 규칙이나 이론을 따르지 않는다는 뜻이다.

프리랜서로 일하는 K씨는 일을 나가는 날이면 아이를 시어머니께 맡긴다. 시어머니는 귀한 손자를 잘 돌봐준다. 그러나 그에게는 고민이 있다. 자신은 평소 아이들을 다소 엄하게 키우는 데 반해 시어머니는 아이들의 응석을 한없이 받아주어 아이들이 할머니와 지내고 난 후에는 엄마 말을 잘 듣지 않기 때문이다. 어느 날은 화가 난 아이가 엄마를 때렸다. 참다못한 아이 엄마가 시어머니 앞에서 아이를 혼내자 시어머니는 손자를 혼내지 않고 그 대신 며느리를 나무랐다. 아이가 무슨 잘못이 있냐는 식이었다. 조용히 며느리를 불러 앉혀놓고 이야기하는 것이 아니라 아이가 보는 앞에서 며느리를 구박하듯이 면박을 주는 일이 일어난 것이다. 이런 일이 반복되자 아이는 점점 엄마의 말을 무시하게 되고 엄마는 아이의 버릇 때문에 스트레스를 받고 있다.

이처럼 아이를 키우는 방법은 사람마다 다르다. 눈에 보이지 않는 육아법의 차이가 때로는 가족간의 갈등의 원인이 되기도 한다. 조부모가 자녀 양육 문제에 조언을 하는 것은 젊은 부모들에게 많은 도움을 줄 수 있지만 문제는 조언을 해 주는 방법에 있다. 강압적이거나 일방적인 조언은 도리어 역효과를 가져온다. 시대에 뒤떨어진 조언은 젊은 사람들에게 불신을 심어줄 수도 있다.

따라서 현명한 가정에서는 세대간의 육아법의 차이를 줄이는 방법을 찾아야 한다. **이를 위해서는 조부모와 젊은 부모 두 세대가 동일**

한 육아관련 서적을 읽으면 좋다. 육아에 필요한 많은 정보를 제공하는 육아전문가와 소아과의사들이 쓴 책은 많은 도움이 된다. 아이 목욕시키기, 이유식 만들기 등과 같은 기본적인 육아법 외에도 독서교육, 한글교육, 학습지도 등 아이 교육과 관련한 책들이 많이 나와 있다. 아이가 성장하는 속도에 맞추어 다양한 책을 읽으면 육아에 많은 도움을 얻을 수 있다. 이렇게 함으로써 한 세대가 자신의 육아법을 강요하거나 고집하는 것을 피할 수 있다. 우리 집에서는 좋은 내용의 책을 구해서 어른들이 돌려가며 읽고 있다. 젊은 세대와 나이든 세대의 육아법에 대한 생각의 차이를 좁힐 수 있는 좋은 방법이다.

조부모들은 요즘 젊은 사람들이 즐겨 읽는 육아관련 서적을 읽으면 시대를 따라 등장하는 새로운 육아법을 습득하고 젊은 엄마들의 생각을 이해할 수 있게 된다. 현대 여성들의 육아 트렌드를 파악하는 것이 중요하다는 의미이다. 조부모들의 입장에서도 과거 자신들이 터득하고 실천했던 육아법의 좋은 점을 젊은 부모들에게 간접적으로 전해주는 역할도 하게 되어서 좋다.

젊은 엄마들은 책을 통해 시어머니나 친정어머니의 육아법을 이해할 수 있게 된다. 전통적인 육아법의 장단점을 파악하는 데도 도움이 된다. 젊은 부모 입장에서는 자녀 양육과 관련하여 어른들의 잘못된 훈수나 지나친 간섭을 피해갈 수 있는 이점도 있다. 더불어 조부모와 젊은 부모의 의견이 일치되는 효과를 얻을 수 있다.

세상의 모든 아이들은 서로 다르게 태어났고 다르게 성장한다. 아이들의 타고난 기질도 다르다. 아이들의 재능도 다르고 관심사도 다르다. 좋아하는 것과 싫어하는 것도 다르다. 그들을 키우는 방식도 가정마다 사회마다 다르다. 똑같은 자녀가 없듯이 똑같은 부모도 없고 똑같은 육아법도 없다는 뜻이다. 그러므로 어떤 사람이 성공했다고 주장하는 육아법을 무비판적으로 받아들여 자기 자녀에게 적용하는 것은 위험하다.

'육아법에 왕도는 없다'는 말은 동서고금을 막론하고 진리에 속한다. 모든 아이에게 적용 가능한 완벽한 육아법은 없다. 각자 형편에 맞는 육아법을 실행할 수밖에 없다는 점이 젊은 엄마들을 곤혹스럽게 만든다. 완전한 육아는 없지만 바람직한 육아는 가능하다.

2장

조부모는 최상의 육아도우미다

1. 조부모, 육아 도우미로 나서다

우리나라의 베이비붐 세대(baby boomer)는 1955년부터 1964년 사이에 태어난 사람들을 가리킨다. 700만여 명으로 추산되는 이들은 55세가 되는 2010년부터 정년퇴직을 시작했다. 해마다 퇴직하는 30만여 명 중에는 조부모가 되는 사람도 적지 않다. 건강하고 능력 있는 이들은 사회적인 관심의 대상이 되고 있다. 특히 '에코(echo) 세대'라고 불리는 그들의 자녀 세대의 기대는 크다.

대학을 졸업하고 사회진출을 시작하는 에코 세대들은 결혼과 출산 문제로 고민 중이다. 직장생활을 위해서는 결혼도 뒤로 미룬다. 결혼을 한 후에도 자녀 갖기를 늦추거나 포기하는 경우도 있다. 심지어 결혼 자체를 포기하기도 한다. 그들이 이렇게 행동하는 배경에는 육아문제가 중요한 원인 중 하나라고 알려져 있다. 직장생활을 하는 여성들의 임신과 출산, 그리고 육아는 개인과 가정의 문제를 넘어 사회문제가 되고 있다.

맞벌이 부부의 고민은 자녀를 안심하고 맡길 마땅한 양육자를 찾는 것에서부터 시작된다. 베이비시터(baby sitter, 육아도우미)의 도움을 받을 경제적인 여유가 없는 경우에는 고민이 깊어진다. 현실적으로 육아문제를 해결할 마땅한 대안을 찾지 못하면 엄마들은 직장을 그만두고 육아에 전념하여야 한다. 이 경우 여성들의 상실감은 매우 커질 수밖에 없다.

아이가 성장하고 난 후에 예전 직장으로 돌아가는 것은 현실적으로 불가능에 가깝다. 새로운 일자리를 찾는 것도 하늘에 별 따기 만큼이나 어렵다. 대학을 졸업한 젊은이들의 실업률이 날로 높아가는 현실에서는 더욱 그렇다. 그러니 어렵게 취업한 여성들이 쉽게 직장을 그만둘 수 없는 것이다. 젊은 여성들이 직장 때문에 결혼과 출산을 포기한다면 우리나라는 가까운 장래에 일할 수 있는 젊은이들이 사라진 노인들의 천국이 될 것이다. 아이의 울음소리가 그친 사회는 미래가 없다.

육아도우미로 나서는 베이비붐 세대들

지금도 많은 조부모들은 자의반 타의반으로 손주를 키우고 있다. 직장에 다니는 젊은 엄마가 아이를 맡길 곳이 없어 발을 동동 구르는 것을 편안한 마음으로 구경만 할 수 없기 때문이다. 그들이 이처럼 '손주양육'에 나서는 것은 부모의 자식사랑이라는 말로만 해석이 가능하다. 하나만 키워주겠다고 시작한 손주양육이 2명, 3명으로 늘어나는 경우도 적지 않다. 내 주변에는 10년 넘게 손주를 키워주는 할머니들도 더러 있다.

조부모가 손주를 돌보는 형태는 가정마다 조금씩 다르다. 과거에는 3대가 한 지붕 아래 살면서 손주를 양육하였지만 현대에는 가정 형편에 따라 다양한 손주양육 형태를 보이고 있다. 어느 것이 좋다고 단정할 수 없다.

첫째, 한 집에서 3대가 함께 살면서 조부모가 아이 육아를 담당하는 것이다. 젊은 부부에게는 가장 편한 방법이다. 생활비를 절약할 수 있는 이점도 있다. 아이가 안정적으로 조부모의 보살핌을 받으며 자랄 수 있다는 장점도 있다. 그러나 조부모와 젊은 부모 사이에 육아방식을 비롯한 여러 가지 갈등이 발생할 가능성이 가장 많다.

둘째, 조부모가 젊은 부부 집 근처에 살면서 아이를 돌보는 것이다. 아이 부모가 출근을 할 때 아이를 조부모 댁에 맡기거나 조부모가 자녀들 집으로 가는 방법이다. 이럴 경우 조부모는 저녁시간이나 주말에 자신만의 여유로움을 가질 수 있는 장점이 있다.

셋째, 멀리 떨어져 살면서 주중에는 조부모가 아이를 돌보다가 주말에는 젊은 부부가 돌보는 것이다. 조부모가 주말에 온전한 자유를 누리면서 피로를 회복할 수 있는 방법이다.

넷째, 서로 다른 지역에 거주하는 경우 아이를 조부모 댁에서 전적으로 맡아 키우는 것이다. 아이 부모는 주말에나 시간이 날 때 잠시 동안 아이를 만나야 하는 어려움이 있다. 조부모가 아이를 전담해서 키우게 되므로 그들에게는 가장 부담스러운 방법이다.

다섯째, 일주일 중 2,3일씩 친가와 외가에서 돌아가면서 아이를 키우다가 주말에는 아이 부모가 키우는 경우도 있다. 이런 경우에는 아이 양육법에 대한 어른들의 생각과 태도가 아이에게 혼란을 불러올 가능성도 있어서 조심해야 한다.

일하는 부모를 대신해서 조부모가 손주를 키워주는 격대교육(손주양육)은 자녀를 안심하고 키우는 좋은 방법 중 하나이다. 손주육아를 통해 조부모들이 축적한 귀한 경험과 지혜를 손주들에게 자연스럽게 전해 줄 수 있기 때문이다. 조부모에게는 여유시간이 줄어들고 육체적인 부담은 있지만 베이비붐 세대와 워킹맘이 만나는 지점에는 가족 사랑이 싹트게 된다.

2. 조부모는 살아 움직이는 도서관이다

베르나르 베르베르는 그의 단편 소설 「황혼의 반란」에서 "노인 한 사람이 죽는 것은 도서관 하나가 불타버리는 것과 같다"고 했다. 핀란드에서는 '경험이 국가의 자산'이라는 국가 슬로건을 내걸고 있다. 노인 세대에 대한 이러한 말들은 모두 노인이 가진 지식과 지혜의 풍부함과 중요함을 표현하는 것이다. 노인 세대의 가장 큰 자산은 바로 폭 넓은 지식과 풍부한 인생 경험이다. 나이가 든다는 것은 그만큼 경험이 많다는 의미다. 세월이 흐를수록 노인들의 경험의 서가에는 더 많은 지식과 지혜가 채워진다. 어느 누구도 동일한 인생을 살아갈 수 없기에 그들이 축적한 지식과 경험은 권위가 있으며 귀중하다.

옛날에는 노인들은 가정과 사회에서 권위자였다. 노인들의 머리에서 가족들이 먹고 살아갈 농사법이 나왔기 때문에 그들의 권위는 절대적이었다. 그들의 말과 생각이 가정의 규칙이자 법이었다. 그들은 체력이 허락하는 한 평생 현역으로 일할 수 있었다. 부모의 직업이 자녀에게 이어지는 농경사회에서는 경험이 중요하였다.

　노인들은 조상으로부터 물려받은 지식과 자신들이 쌓은 경험을 함께 거주하는 후손들에게 전해 주었다. 대물림이 반복되면서 그들의 경험과 지식이 가문의 역사가 되고 사회의 전통이 된 것이다. 그중 많은 것이 오늘날 우리에게 아름다운 문화와 유산으로 전해지고 있다.

　그러나 시대가 변함에 따라 노인들의 위상도 변했다. 급격한 경제성장과 과학기술이 발달한 현대에는 노인들이 가진 것들이 시대에 뒤떨어졌다는 평가를 받고 있다. 노인들의 경험이 무익하다는 비판을 받기도 한다. 하루가 다르게 변해가는 현대사회에서 행동이 느리고 첨단장비의 사용에 서툰 것이 한 가지 이유이다.

　첨단과학으로 무장한 젊은 세대의 시각에서는 노인세대들의 삶이 비과학적으로 비칠 수도 있다. 그렇지만 노인세대들이 축적한 지혜와 경험이 모두 현시대와 동떨어진 것은 아니다. 노인들의 머리와 가슴에는 젊은 세대들이 물려받아야 할 것들도 많이 있다. 살아가는 데 필요한 기본적인 지혜와 인간관계는 젊은 사람들이 하루아침에 얻을 수 있는 것이 아니기 때문이다. 정치나 경제를 이끌어가는 젊은 지도자 주변에 경험 많은 원로들이 조언을 하는 것이 좋은 예가 된다.

　노인은 과거에 살고, 청년은 미래에 산다고 한다. 노인들에게 있어서 과거는 자신이 걸어온 발자취인 동시에 영화(榮華)이기도 하다. 그들에게는 살아온 세월만큼이나 다양하고 풍부한 경험이 있기 때문이다. 반면 청년들은 짧은 과거보다는 희망찬 미래를 설계하며 세상을 살아간다. 첨단과학으로 무장한 젊은이들의 가슴은 새로운 것을 갈망한다. 이로 인해 노인과 청년들이 지향하는 방향이 다를 수도 있다. 이것이 세대차로 나타나기도 한다.

'세대차이'로도 해석될 수 있는 세대간의 경험의 차이는 어느 시대에나 존재한다. 세대 차이는 스스로 해결되는 것이 아니라 동시대를 살아가는 세대들이 서로를 이해하고 소통하는 과정에서 그 벽이 조금씩 낮아질 수 있다.

노인들은 자기 나름대로의 도서관을 구축해 놓고 있다. 그들은 자신들이 살아온 세월 동안 경험한 것들과 쌓은 지식과 지혜를 그 도서관에 축적해 두고 있다. 노인들은 한 곳에 머물러 서 있으면서 사람들이 이용해 주기를 기다리는 도서관이 아니다. 그들은 살아 움직이는 도서관이다. 그들이 가진 것을 필요로 하는 곳이면 어디든지 찾아가서 도움을 줄 수 있다.

노인들이 축적한 지혜와 경험이 하나의 도서관에 비견되는 것은 노인들에게 큰 위안이 된다. 그들의 삶이 헛되지 않았다는 증거다. 노인 한 사람 한 사람이 수십 년 동안 걸어온 삶의 궤적은 좋고 나쁨이 없다. 그들의 삶이 헛되다고 말할 수 있는 사람은 아무도 없다. 후세 사람들의 눈에는 성공한 삶이나 실패한 삶으로 보일 수 있으나 그들의 삶이 주는 교훈의 무게는 동일하다. 그들의 다양한 인생 경험은 후손들에게는 귀한 자산이 된다.

　노인들이 구축해 둔 도서관을 후손들이 잘 활용하는 것이 중요하다. 좋은 것은 더욱 발전시키고, 부족한 것은 보충하고, 잘못된 것은 개선하는 후손들의 지혜와 노력이 필요하다. 이것이 잘 이루어지는 사회는 선진국이 되고 풍요로운 국가가 될 것이다.

3. 손주와 함께 게임을 하자!

어느 지인의 집을 방문했을 때 목격했던 장면이다. 저녁 식사 준비를 마친 할머니가 손자를 부른다.

"애, 아가야 저녁 먹자."

"할머니, 조금만 기다려 주세요."

"지금 뭐하고 있는데?"

"이 게임 조금만 하면 끝이 나요."

할머니의 재촉에도 손자는 눈길 한 번 주지 않고 건성으로 대답을 한다. 속이 상한 할머니가 이번에는 좀 더 큰 소리로 손자에게 한 마디 건넨다.

"너, 밥 먹으러 빨리 오지 않으면 엄마한테 일러줄 거야."

그러자 손자는 마지못해 식탁으로 걸어온다. 잔뜩 찌푸린 얼굴이다. 입술을 실룩거리며 의자에 앉는다. 할머니의 성화 때문에 자기가 좋아하는 게임을 마무리하지 못 하고 식사를 해야 하는 것이 못마땅하기 때문이다. 이 광경을 곁에서 지켜보던 할아버지가 거든다.

"얘야, 저녁 먹고 할아버지에게 네가 좋아하는 게임을 가르쳐 줄 수 있겠니?"

그러자 손자는 이내 얼굴이 확 펴지면서 대답한다.

"네 할아버지, 그 게임 정말 재미있어요. 친구들 중에 그 게임을 못 하는 애는 하나도 없어요. 아마 할아버지께서도 좋아하실 거예요."

할머니는 왜 아이들이 컴퓨터 게임을 좋아하는지 이해할 수 없다. 그들이 어릴 때는 변변한 놀이문화가 없었다. 컴퓨터 게임은 고사하고 컴퓨터라는 말도 들어보지 못 했다. 자연이 놀이터요 모든 사물이 놀이기구였다. 동네 친구들이 모여 고무줄놀이, 숨바꼭질, 땅따먹기 같은 놀이를 하며 시간을 보내는 것이 즐거웠다.

요즘 집집마다 TV와 컴퓨터가 없는 집이 없다. 심지어 아이들 방에도 컴퓨터가 인터넷에 연결되어 있다. 인터넷과 컴퓨터가 없는 생활은 상상하기 힘들 정도이다. 학교 숙제를 하는 데도 컴퓨터가 필요하기 때문이다. TV 시청을 통제하는 부모도 컴퓨터에 대해서는 다소 허용적인 경우가 많다. 그러나 아이들에게 위험하기는 TV나 컴퓨터에 별 차이가 없다.

컴퓨터나 휴대폰에는 아이들이 좋아하는 각종 게임들로 가득하다. 어른들이 아무리 잔소리를 해도 아이들은 게임의 유혹을 쉽게 물리치지 못 한다. 아이들은 어른들의 한두 마디에 게임을 그만두지 못 한다. 어른들이 담배나 술의 유혹을 물리치지 못하는 것과 비슷한 상황이다. 게임에 중독되면 그 결과는 심각하다. 게임 중독 증세를 보이는 아이들은 심지어 학교에 가는 것도 마다하고 하루 종일 컴퓨터 앞에서 떠나지 않는 경우도 많다.

이럴 때는 오히려 어른들이 아이들의 입장에서 문제를 해결하도록 노력하는 지혜가 필요하다. 우선 아이들이 어떤 게임을 좋아하는지, 그것이 왜 아이들을 강력하게 유혹하는지, 게임 내용은 어떤 것인지 등을 파악한 후 아이들에게 허용할 수 있는 게임의 종류를 정해 주는 것이 중요하다. 그런 다음에는 직접 어린 손자들과 게임을 해 보면서 그들을 이해하는 것이 순서이다.

우리 집에서는 30여 년 전 남매를 키울 때 게임을 좋아하는 일곱 살 된 아들을 위해 월급의 80% 정도 되는 거금을 들여 컴퓨터를 구입한 적이 있다. 컴퓨터는 공부방이 아닌 거실에 설치했다. 그렇게 함으로써 아들이 어떤 게임을 하는지도 알 수 있고, 과도하게 컴퓨터 게임에 빠져드는 것도 방지할 수 있었다. 덕분에 나도 시간이 나면 게임을 할 수 있었고, 아들과 게임에 대해 자유롭게 이야기를 나누게 되었다. 이처럼 아이가 좋아하는 것을 억지로 막기보다는 자기 스스로 조절할 수 있는 환경을 만들어 주는 것이 효과적이다.

4. 인생은 무한 반복되는 릴레이 경주다

　사람들은 흔히 인생을 경주에 비유한다. 짧은 시간에 승부가 나는 100미터 경주가 아니라 2시간이 넘게 걸리는 마라톤에 비유하기를 좋아한다. 그러다보니 평균수명을 80세로 생각하는 사람들은 40세 전후가 되면 인생의 반환점을 돌아야 할 시기라고 말한다.

　그러나 인생은 한 세대로 끝나지 않고 대를 이어간다. 우리나라의 가정마다 고이 간직하고 있는 족보(族譜)가 그것을 말해 주고 있다. 족보에는 개인의 삶이 한 줄로 기록되어 후세에 전해진다. 따라서 우리의 삶을 짧은 시간에 승부가 갈라지는 경주에 비유하기보다는 **'무한 반복되는 릴레이 경주'** 라고 보는 것이 더 합리적이다. 주어진 구간을 반복해서 돌아야 하는 릴레이가 아니라 앞으로 나아가면서 이어가는 릴레이 경주다.

　인생이라는 릴레이 경주에는 대를 이어서 달리는 선수가 등장한다. 이 경주는 부모와 자녀 2대가 함께 달리기도 하고, 조부모와 부모 그리고 손주 3대가 함께 달리기도 한다. 요즘에는 4대가 함께 달리는 가문도 있다. 혼자서 외롭게 달리는 경우보다는 2대 혹은 3대가 손을 잡고 달리는 경우가 많다. 이 경주에는 6가지의 특징이 있다.

첫째, 바통(Baton)이 대를 이어 계속 전달된다. 혼자서 아무리 잘 달려도 바통을 이어받을 후손이 없으면 경주는 끝이 난다. 요즘처럼 결혼을 기피하거나 출산율이 낮아지면 인생의 릴레이 경주에서 탈락하는 가문이 늘어나게 된다.

둘째, 함께 달리면서 자연스럽게 세대계승이 이루어진다. 조부모, 자녀, 손주가 함께 달리는 동안 조부모가 쌓아온 지혜와 지식은 실시간으로 자녀와 손주에게 전달된다. 공간적으로 떨어져 있을 지라도 세대계승은 가능하다.

이러한 경주에서 중요한 것은 조부모가 축적한 경험과 지혜를 후손들에게 어떻게 물려줄 것인가이다. 손에 쥔 바통에 무엇을 담아 다음 주자에게 넘겨줄 것인가를 늘 생각하는 것이 중요하다. 세월이 지나도 후손들이 자랑스러워할 내용을 담아야 한다.

한 세대가 사회적으로 크게 성공하는 것은 좋은 일이다. 평범하지만 지혜로운 부모가 더 바람직할 수도 있다. 재물과 명예의 대물림은 생각보다 오래 가지 않는다. 대를 이어 내려오는 바통 속에 조상들의 지혜와 사랑이 후손들에게 전해지도록 하는 노력이 필요하다.

셋째, 이 경주에서는 승자와 패자가 없으며 자기 자신이 경쟁자이다. 단거리나 마라톤 경주 같은 경우에는 결승점을 통과하는 순서가 중요하지만 무한 반복되는 릴레이 경주에서는 등수를 매기는 것은 무의미하다. 인생이라는 경기장에 등장한 우리는 혼자서 달리고 경기를 끝내지 않는다.

우리의 목표는 최고의 속도로 달려서 1등을 하는 것이 아니다. 자기에게 주어진 시간 동안은 남들과의 경쟁이 아니라 자신과의 싸움이다. 자기에게 주어진 몫을 성실하게 수행하는 것이 필요하다. 옆에서 달리는 다른 사람이 경쟁대상이 아니다.

경쟁자가 없으니 승자도 없고 패자도 없다. 당연히 일등도 없고 꼴찌도 없다. 따라서 등수를 매길 수도 없고 그럴 필요도 없다. 가족이 손에 손을 잡고 발걸음 맞춰 함께 달려야 하는 경기이기 때문이다. 모두가 자기의 삶을 열심히 사는 것이 필요하다. 우리가 인생이라는 경주에 대해 생각을 달리해야 하는 이유다.

넷째, 인생이라는 경주에서 영원한 포기란 있을 수 없다. 한 사람이 세상을 떠나면 그의 뒤를 이어 후손들이 계속해서 달린다. 경기장에 등장하여 달리는 인물만 바뀔 뿐이다. 누가 앞서고 누가 뒤처지는가는 문제가 되지 않는다. 알 수도 없다. 어떤 사람은 짧은 시간 동안 달리고, 어떤 사람은 100년을 넘게 달리기도 한다. 모든 사람은 자신이 살아 있는 동안은 달린다.

다섯째, 자신이 달리는 길을 스스로 개척해야 한다. 인생이란 경기에서는 누가 만들어주는 길을 편안하게 달려갈 수 없다. 어느 길로 가야 할지도 스스로 결정해야 한다. 모든 사람이 잘 포장된 아스팔트 위를 달리기를 원하지만 현실적으로 그럴 가능성은 거의 0%에 가깝다. 오히려 우거진 숲을 헤치거나 거센 모래 바람을 맞으며 힘겹게 달려야 하는 것이 인생이다. 때로는 가시에 찔리기도 하고, 넘어져서 다치기도 한다. 아무도 자신의 경기를 대신해 줄 사람이 없다.

여섯째, 인생이란 경주에서 연습이란 없다. 일반적인 경기에서는 본 경기에 참가하기 전에 많은 연습을 하는 선수가 좋은 성적을 얻을 가능성이 높다. 경험이 많을수록 유리하다. 그러나 인생이라는 경기에 참가하는 선수들은 모두가 다 초보자다. 아무도 사전에 연습하고 태어나거나 인생의 릴레이 경주에 참가해본 경험을 가진 사람은 없다. 이런 점에서 모든 인생은 평등한 것처럼 보인다. 그러하기에 조부모의 지혜와 경험이 후손들에게 어떻게 전해지느냐는 매우 중요한 요소가 된다.

따라서 인생이라는 릴레이 경주에서는 가족간의 사랑이 매우 중요한 요소가 된다. 2대 혹은 3대가 함께 달리다 보면 갈등도 일어나고 크고 작은 문제가 발생한다. 그러나 함께 달리는 동안 세대간 격차는 좁혀지고 가족간의 유대감은 증대된다. **무한 반복되는 인생이라는 릴레이 경주에서는 달리는 속도나 등수가 아니라 올바른 방향과 바통 전달이 중요하다.**

5. 발길 닿는 곳이 배움터다

나는 지난해 3월 구입한 지 11년 된 자동차를 폐차시키고 새로 구입했다. 주행거리가 55만 킬로였다. 1년에 평균 4만~5만 km를 달린 셈이다. 전국을 돌며 『믿음, 그 위대한 유산을 찾아서』를 집필하는 데 필요한 자료를 구하고 사람을 만나기 위한 여행이다. 제주도에서부터 강원도 고성, 인천 강화도에 이르기까지 자료가 있는 곳이면 차를 몰고 다닌다.

지금까지 수천 명의 사람을 만나고 수백 개 교회를 방문하는 과정에서 얻은 교훈은 바로 현장의 중요성이다. 책상 앞에서 할 일이 있고, 직접 몸으로 부딪히면서 해야 할 일이 있는 것을 깨달았다. 고생스럽지만 발로 뛰어다니면 생각하지도 못 했던 귀한 자료를 얻을 수 있다. 수집한 자료를 분석하고 정리하다보면 사고의 폭이 넓어지고 삶이 풍성해지는 것을 느끼게 된다.

여행을 할 때 승용차를 타고 고속도로를 이용하는 것은 편하고 좋은 방법이다. 비행기를 이용하는 것은 더욱 기분 좋은 일이다. 많은 사람들이 선호하는 방법이다. 여행하는 것이 단순히 목적지까지 빨리 도착하는 데 있다면 비행기나 자동차를 이용하는 것이 편리할 뿐만 아니라 현명하다. 시간도 절약할 수 있고 안전하다.

반면에 자전거를 타거나 걸어서 여행을 하는 것은 웬만한 결심을 하지 않고서는 선뜻 용기를 내지 못한다. 가는 도중에 비바람을 맞을 수도 있고 힘도 들기 때문이다. 그러나 여행 자체를 두고 보면 도보 여행이나 자전거 여행은 비행기나 자동차 여행에 비해 나쁜 것이 아니다. 오히려 더 많은 것을 얻을 수 있는 여행이라 할 수 있다. 느리게 여행하면서 주변이 주는 자유로움을 만끽할 수 있는 이점이 있다. 길을 가다가 다양한 사람을 만나고 그들의 이야기를 들어볼 수 있다. 때로는 맑은 시냇물에 발을 담그기도 하고 계곡에 가득한 봄꽃의 향기를 맡을 수도 있다. 여름의 짙은 녹음과 가을의 울긋불긋한 단풍도 좋고 눈 덮인 겨울풍경도 좋다. 자연이 주는 아름다운 풍광을 즐기면서 여행하는 동안 지치면 잠시 쉬었다가 다시 출발할 수도 있다. 인생이란 여행에는 여유가 필요하다.

시장에서 인생을 배우자

나는 삶이 힘이 들 때면 가끔씩 치열한 삶의 현장인 시장을 방문한다. 사야 할 물건이 없을 때도 찾아간다. 물건을 파는 사람과 사는 사람으로 북적거리는 시장은 언제나 많은 교훈을 주기 때문이다. 내가 학생들을 가르칠 때에 늘 강조했던 것이 '바로 인생을 제대로 배우려면 사람들이 붐비는 시장에 가보라.' 는 것이었다. 대도시에 사는 사람이라면 백화점이나 대형 마트를 찾아가는 것도 좋다.

시간적인 여유가 있으면 전통적인 시골 5일장을 찾아가서 세상 돌아가는 것을 몸으로 체험하는 것도 좋다. 시골 5일장은 도시의 화려한 백화점이나 대형 마트보다 조부모 세대들에게 더 친숙한 시장이다. 그곳에는 잊지 못 할 추억이 서려 있다. 시골 5일장은 지역민들의 삶의 터전이요 정보교환의 장소역할도 했던 곳이다. 멀리 떨어진 친척들이나 사돈을 만나는 만남의 광장이기도 했다. 산골 어린이들이 엄마 치마꼬리를 붙잡고 따라다녔던 시골장터 풍경은 도시화의 물결 속에서 점차 사라지고 있다. 머지않아 역사 속의 이야기로 남게 될지도 모른다. 그곳에는 인정이 있고, 인생이 있다. 계절을 따라 등장하는 물품들이 달라지는 것을 보는 것만으로도 재미가 있다. 세월이 흘러가면 시장에는 새로운 물품들이 등장한다.

축제의 현장에서 세상을 배우자

조부모가 손주의 손을 잡고 찾아가 보아야 할 곳이 바로 축제가 열리는 곳이다. 자기가 살고 있는 지역에서 개최되는 축제가 좋다. 대부분의 축제는 그 지역의 역사와 특색을 잘 나타낸다. 그곳에 가면 많은 정보를 얻을 수 있다. 아이들의 손을 잡고 그냥 구경만 해도 아이들은 많은 것을 보고 듣고 깨닫게 된다. 아이 손에 작은 카메라를 들려주고 재미있는 장면을 카메라에 담게 해 주자. 사진을 정리하면서 보고 들은 바를 함께 나누다보면 세상을 보는 시야가 넓어질 수도 있다. 축제에서 느낀 것을 글로 적거나 그림으로 그리는 동안 아이의 생각이 정리되고 기록하는 습관을 얻을 수 있다.

이처럼 축제가 열리는 곳을 찾아다니면 아이는 새로운 것을 배울 수 있다. 아이 연령에 맞는 것을 골라 하나씩 찾아가보자. 계절별로 특색 있는 축제를 선정해서 참여해 보면 많은 것을 배울 수 있다. 뿐만 아니라 조부모와 손주에게 좋은 추억으로 남게 된다.

박물관에서 살아있는 역사를 배우자

조부모와 손주들이 함께 가볼만한 곳으로는 박물관이 있다. '민중국어사전'에는 박물관(博物館, Museum)을 '고고학(考古學) 자료와 미술품, 역사적 유물(遺物), 그 밖의 학술적 자료를 널리 수집·보존(保存)·진열하고 일반에 전시(展示)하는 시설'이라고 정의하고 있다. 박물관에는 사라져가는 것들을 한데 모아둔 곳도 있고 귀한 물건을 전시해 둔 곳도 있다. 우리가 직접 가보지 못 한 이웃 나라의 역사를 알 수 있는 물건들을 모아둔 박물관도 있다.

박물관에 가면 조상들의 숨결을 느낄 수 있다. 신라시대와 백제시대의 왕들은 어떤 왕관을 썼는지를 알 수 있고, 조선시대의 여성들은 어떤 옷을 입었는지를 알 수도 있다. 옛날 사람들이 신던 나막신도 볼 수 있고, 농사를 짓는 데 필요한 농기구들을 볼 수도 있다. 박물관이 아니었다면 책에서나 볼 수 있는 물건들을 직접 눈으로 본다는 사실만으로도 박물관의 역할은 충분하다고 하겠다. 쓸모없고 고리타분한 것을 보면 '박물관에서나 볼 수 있는 것'이라고 박물관의 용도를 폄하하는 사람도 있다. 어리석은 사람들의 자기변명일 뿐이다. 박물관의 진정한 의미는 그곳을 찾아가는 사람만이 느낄 수 있다.

박물관과 아울러 문화재나 고궁도 빼놓을 수 없는 곳이다. 박물관이 제한된 공간에 유물이나 작품을 전시한다면 문화재나 고궁은 열린 공간에서 조상들이 남긴 지혜와 유산을 보여준다. 더불어 각종 전시회도 반드시 찾아가야 할 곳이다. 박물관에서 조상들의 삶을 엿볼 수 있었다면 전시회는 현재와 미래를 만날 수 있는 귀한 기회가 된다.

과거가 없는 현재가 없듯이 현재가 없는 미래도 없다. 우리는 시골 5일장을 비롯해서 축제와 박물관에서 과거와 현재 그리고 미래를 바라볼 수 있는 능력을 얻을 수 있다. 조상들이 남긴 위대한 문화유산 앞에서 '우리가 지금 가는 길이 올바른 길인가?'를 조용히 물어보자.

6. 조부모의 지혜, 후손들의 축복이 된다

종교개혁가 마틴 루터가 청소년기에 살았던 집 앞에는 "내일 지구가 멸망하더라도 오늘 한 그루 사과나무를 심겠다."라는 말이 새겨진 비가 서 있다. 스피노자가 남긴 말이라고도 알려진 이 말은 미래에 대해 긍정적인 생각을 하라는 의미로도 해석할 수 있다.

나무를 심는 사람들은 당장의 이익을 위해 심지 않는다. 나무는 일이 년 만에 원하는 크기로 자라거나 열매를 맺을 수 없다. 적어도 몇 년 앞을 내다보고 심는다. 나무를 심을 때는 기후, 토질, 일조량과 강수량 등을 고려해서 적합한 품종을 골라서 심어야 한다.

내가 시골에서 학교에 다니던 1960년대만 해도 주변 산들은 대부분 벌거숭이 산이었다. 해마다 식목일이 되면 우리는 아까시 나무를 열심히 심었다. 척박한 땅에서도 잘 자라는 속성수(速成樹)인 아까시 나무는 몇 년 만에 제 역할을 톡톡히 했다. 혹자는 산을 망친 나무라고 원망을 하기도 했지만 언제부터인가 아까시 꽃에서 얻는 꿀은 우리의 식탁에 오르는 귀한 꿀이 되었다. 산을 푸르게 하기 위해 심었던 나무가 꿀벌들에게는 좋은 밀원(蜜源)이 된 것이다.

1972년 전라남도 담양군에서는 국도변에 5천 그루의 메타세콰이어를 심었다. 다른 지역에서는 속성수에 속하는 미루나무를 심을 때 담양군에서는 당시에는 이름도 생소하던 메타세콰이어를 대대적으로 심었던 것이다. 그런 메타세콰이어가 어느새 여행객들의 사랑을 받는 나무가 되었다. 해마다 많은 사람들이 멋진 풍경을 카메라에 담기 위해 담양을 찾아온다. 50년 전에 이 나무를 심을 때 누가 이렇게 사랑을 받을 줄 상상이나 했겠는가?

매화꽃 향기가 섬진강 하류에 내려앉는다

해마다 매화꽃이 필 때면 많은 사람들이 한반도 남쪽으로 자동차를 몰고 간다. 목적지는 전라남도 광양군 다압면 도사리다. 섬진강을 사이에 두고 경상남도 하동을 바라보는 곳이다. 사람들이 이곳에 구름처럼 몰려드는 이유는 단 하나, 매화꽃을 보기 위함이다.

이곳은 우리나라에서 일조량이 가장 많은 지역 중 한 곳에 속한다. 봄이 되면 산비탈에 형성된 작은 마을에는 커다란 바위 곁에 서 있는 오래된 매화나무들이 따뜻한 봄볕을 맞으며 화사한 꽃을 피운다. 매화꽃이 만발하면 마을 전체가 하얗게 변한다. 매화꽃 향기를 따라 찾아온 벌들은 꿀을 찾아다니느라 바쁘다.

도사리에 조성된 매실농원의 면적은 무려 33만 평방미터에 이른다. 커다란 산비탈이 온통 매실나무로 덮여 있는 셈이다. 가파르고 돌이 많은 이 산비탈에 매실 나무를 처음으로 심은 사람은 이 마을 출신인 김오천이라는 사람이다. 일제시대 일본에 건너가서 사업을 하던 그는 1931년에 귀국하는 길에 수천 주의 밤나무와 5천 주의 매화나무 묘목을 가져와서 고향 마을에 심었다. 농사지을 땅이 적어 먹을 것이 귀하던 시절에는 밤은 쌀을 대신하는 귀중한 양식이었다. 지금도 높은 지대에는 밤나무가 서 있다. 밤은 식용으로 하고 매실은 약재로 판매하였다.

매실의 상품화에 앞장섰던 김오천씨의 뒤를 이어 며느리인 홍쌍리씨가 매실농장을 관리했다. 그는 시아버지가 심었던 밤나무를 캐내고 그 자리에 매실나무를 심었다. 10년이 넘게 나무를 심었다. 얼마 전부터 그의 아들 내외가 함께 대를 이어가고 있다. 1931년에 시작한 매실 농사가 3대를 이어오면서 90여 년의 세월이 흐르고 있다. 그 사이 마을 사람들도 매실 농사에 하나 둘씩 참여하면서 지금의 매실마을이 형성되었다.

1995년에 홍쌍리씨는 처음으로 자신의 매실농장에서 매화꽃 축제를 열었다. 20여 년이 지난 지금은 봄이 되면 사람들이 화사한 매화꽃을 구경하기 위해 전국에서 몰려들고 있다. 시아버지가 시작한 매실 농장을 며느리가 이어받아 현재의 매실열풍을 불러일으킨 셈이다. 개인의 매화농장에서 시작된 광양매화꽃 축제는 이제 지역축제를 넘어 세계매화축제로 거듭나서 세계인의 관심과 사랑을 받고 있다.

강릉에서 솔향을 품은 커피를 마시자

백두대간의 동쪽에 위치한 강릉시에는 오래된 소나무들이 많다. 강릉시에서는 대표 나무를 소나무로 정하고 '솔향 강릉'으로 부른다. 영동고속도로 강릉IC를 벗어나 강릉시내로 들어가면서 제일 먼저 만나는 것이 바로 도로 한가운데에 심어놓은 키 큰 소나무들이다. 강릉시내에는 어디를 가든지 크고 작은 소나무를 볼 수 있다. 우리나라에서 인구대비 가장 많은 소나무를 보유한 도시가 바로 강릉시로 여겨질 정도다.

안목항'이라고도 불리는 강릉항에서 강문해변에 이르는 약 4km의 해변 도로 양쪽에는 크고 작은 소나무들이 가득하다. 수십 년 전 동해에서 불어오는 모래를 실은 차가운 겨울바람을 막기 위해 심은 소나무들이다. 갓 태어난 어린 소나무를 비롯해서 수령이 100년 가까운 소나무도 있다. 2015년 7월 현재 약 1만 5천 여 그루의 소나무들이 거대한 숲을 이루고 있다. 강릉시민과 여행객들의 사랑을 받는 솔밭길이다. 이 소나무들이 강릉항 부근의 작은 동산인 죽도봉에 있는 500여 그루의 소나무와 함께 커다란 느낌표(!) 모양을 하고 있다.

모래바람을 막기 위해 심은 소나무가 모래바람을 막아주는 것 외에 건강에 도움을 주는 피톤치드를 제공하게 될 줄은 소나무를 심을 당시에는 아무도 예상하지 못했을 것이다.

강릉의 소나무와 함께 여행객들의 사랑을 받는 것은 '커피 거리'다. 안목항 입구에서 강문해변으로 가는 1킬로미터 남짓한 거리는 '커피 거리'라고 불린다. 지금 이곳에는 27개의 커피숍이 성업 중이다. 간혹 커피 자판기도 눈에 띤다. 커피 거리의 원조들이다. 이 거리에서는 식사를 할 수 있는 식당이 몇 개 안 된다.

이곳이 커피로 유명해진 것은 20년이 채 안 된다. 점심 식사 후 짬을 내서 한적한 포구를 찾아오는 사람들을 위해 마을 사람들이 커피 자판기를 설치한 것이 시작이었다. 한창 때는 20여 개 정도였다. 푸른 동해바다를 바라보며 향긋한 커피를 마시러 오는 사람들이 늘어나자 전문 커피숍이 빠르게 늘어나서 지금의 커피 거리로 소문이 나게 되었다. 2018년 현재 인구 21만 명이 조금 넘는 강릉시에는 400여 개의 커피숍이 있다.

강릉시는 커피 거리의 명성을 이어가고 커피 도시의 명성을 지키기 위해 해마다 10월이면 커피 축제를 열고 있다. 제9회 커피 축제를 개최한 2017년에도 전국 각지에서 커피 애호가들이 몰려 들어 성황을 이루었다. 2018 동계올림픽 기간 동안에는 '2018 강릉세계겨울 커피축제'를 열어 강릉 커피의 명성을 국내외 관광객들에게 널리 알렸다.

광양의 매화마을과 강릉의 해변가 소나무숲길의 특징은 바로 미래를 내다본 선각자들이 흘린 노력의 결과물이다. 조상들이 땀 흘려

심어놓은 나무가 수십 년의 세월이 흐른 뒤 후손들에게 큰 혜택을 주고 있다는 공통점도 있다. 조상들이 물려준 귀한 재산을 잘 가꾸어서 다음 세대에 전해주는 지혜를 가져보자.

7. 삶의 기본을 가르쳐 주자

과학기술의 발달로 현대인들이 습득해야 할 정보와 지식은 폭발적으로 증가하고 있다. 젊은 세대들은 시대의 흐름을 따라잡기 위해서 뿐만 아니라 경쟁자에게 뒤쳐지지 않기 위해 분초를 아껴가며 공부한다.

인생 3막에 접어든 조부모세대들이 새로운 지식을 습득하고 젊은 사람들과 경쟁하기에는 숨이 벅차다. 시간이 지날수록 젊은 세대와 노인세대가 받아들이는 정보의 양에는 많은 차이가 난다.

젊은 세대가 가지고 있는 최신 정보와 지식이 조부모세대가 가지고 있는 삶의 지혜보다 낫다고 말할 수는 없다. 지식의 양과 지혜는 별개라는 말이다. 많은 것을 알고 있다고 해서 반드시 지혜로운 것이 아니기 때문이다. 인생의 경험을 많이 한 조부모의 세대가 젊은 세대보다 더 지혜로울 수 있다.

어떻게 하면 조부모들의 머리와 가슴속에 간직하고 있는 지혜와 지식을 젊은 후손들에게 잘 물려줄 것인가? 우리는 생각보다 그 방법을 잘 알지 못 하고 있다. 노인과 젊은이들은 서로 살아가는 공간이 다르고 생각하는 방법과 관심분야가 다르기 때문이다. 그들이 만나서 대화할 기회가 적은 것도 이유 중의 하나다. 전해주는 방법이 서툰 것도 또 다른 이유이다.

조부모들은 그들이 일생 동안 축적한 경험과 지식을 세상을 떠나기 전에 후손들에게 잘 물려주어야 한다. 기록에 의한 대물림도 좋고 만남을 통한 지식의 전달도 좋다. 문제는 무엇을 물려줄 것인가에 있다.

첫째, 시간을 효율적으로 관리하는 방법이다.

모든 사람에게 하루는 24시간씩 동일하게 주어진다. 시간을 어떻게 활용하느냐에 따라 그 사람의 성공과 행복 여부가 결정된다. **성공한 사람과 그렇지 않은 사람의 가장 큰 차이는 바로 시간의 활용에 있다.** 자기에게 주어진 시간을 잘 활용하는 사람들은 자신이 좋아하는 일에서 좋은 성과를 얻는다. 그 결과 그들은 남들이 부러워하는 명예와 재산을 얻는다. 반면 시간 관리에 실패한 사람들은 늘 바빠보이지만 제대로 이루어 놓은 것이 없다. 따라서 조부모들은 아이들이 어릴 때부터 시간의 중요성과 효율적인 이용방법을 잘 전해 주어야 한다.

둘째, 이웃에 대한 배려와 사랑이다.

세상에는 자기 자녀의 성공에만 모든 것을 걸고 주변을 무시하며 살아가는 사람들이 많다. 부모의 이런 모습이 자녀들에게 고스란히 전해지게 되면 아이들은 자신의 성공과 행복을 위해서는 이웃의 삶에 해를 끼쳐도 괜찮다는 생각을 하기 쉽다. 심지어 법을 어겨서라도 자신이 원하는 것을 얻어야 한다는 생각을 하게 된다. 정말 위험한 일이다.

치열한 경쟁사회에서 간과하기 쉬운 것 중의 하나가 바로 이웃에 대한 배려이다. 그러므로 **인생은 혼자서 살아가는 것이 아니라 여럿이 더불어 살아가는 것임을 가르쳐야 한다.** 내가 진정으로 행복해지기 위해서는 나의 주변 사람들도 함께 행복해야 참 행복이라는 사실을 후손들에게 가르쳐야 한다. "네 이웃을 네 몸과 같이 사랑하라"는 성경의 가르침은 성공 제일주의에 빠진 현대인들이 깨달아야 할 귀한 말이다.

셋째, 세상을 긍정적으로 보는 훈련을 해야 한다.

아이들은 성장하면서 어른들의 삶의 모습을 보면서 배운다. 아이들은 TV, 신문은 물론이고 인터넷 등을 통하여 세상을 만나고 어른들의 삶을 접하게 된다.

성공한 사람들 중에는 불우한 어린 시절을 보낸 사람들도 많이 있다. 찢어지게 가난한 삶을 견딘 인물들도 있다. 부모가 이혼을 하거나 일찍 세상을 떠나는 바람에 조부모 밑에서 자랐거나 보육시설에서 어린 시절을 보낸 사람도 있다. 부모의 사랑이 그리워 많이 울기도 했지만 환경을 극복하고 남보다 몇 배 더 노력해서 현재의 성공을 이룬 것이다. 남보다 못한 환경을 탓하지 않고 삶에 대한 긍정적인 태도를 가진 사람들이 성공한다.

세상에 대한 불평을 품고 사는 사람들은 자신이 가난한 것을 국가의 탓으로 돌리기도 한다. 자기가 성공하지 못 한 것은 세상이 공평하지 못 하기 때문이라고 한다. 좋은 성적을 받지 못 한 것은 부모의 지원이 부족했기 때문이라고 둘러댄다. '수저' 논란이 우리 사회를 슬프게 만들고 있다. 자기는 소위 '흙수저'를 가지고 태어났기 때문에 '금수저'를 가지고 태어난 사람들과 처음부터 경쟁상대가 될 수 없었다고 자기변명을 늘어놓기도 한다. 젊은이들도 이런 모습을 따라간다. 심지어 어떤 젊은이들은 조국을 등지고 이민을 가고 싶다고 말하기도 한다. 긍정적인 면보다는 부정적인 면이 더 큰 영향을 끼칠 수 있다.

넷째, 삶의 목표를 바로 세우도록 지도하는 것이다.

등산가들은 집을 나서기 전 등산할 목표를 정해 놓고 철저한 사전 준비를 한다. 방향을 알게 해주는 나침반을 꼭 챙긴다. 자동차로 여행하는 사람들에게는 내비게이션이 필수품이다. 목적지로 가는 길을 정확하게 알려주기 때문이다. 고장난 나침반이나 내비게이션을 따라 가다보면 엉뚱한 곳에 도달하는 경우도 있다. 온 힘을 다해 노력하지만 결과는 헛고생에 불과하게 된다.

방향을 잃은 배가 망망한 대해에서 표류하게 되는 것처럼 목표와 목적이 없는 인생은 헛된 삶을 살아가게 되는 것이다. 따라서 인생의 경험이 많은 조부모들은 손주들이 올바른 삶의 목표를 세우는 것을 도와주어야 한다.

다섯째, 노력의 중요성을 가르쳐야 한다.

함께 사는 외손녀가 5살 때부터 자주 사용하는 말 중에 "할아버지, 연습해 보세요. 연습하면 이것을 잘 할 수 있어요. 보세요. 할아버지도 잘 할 수 있지요? 연습하면 할아버지도 잘 할 수 있는 거예요."가 있다. 평소 아이 엄마가 들려준 말을 아이가 할아버지인 나에게 들려주는 것이다. 아이 머릿속에는 연습의 중요성이 자리를 잡고 있다.

아이들의 서툰 행동을 보고 어른들이 나서서 해결해 주면 문제를 빨리 해결할 수 있다. 그러나 아이가 체험을 통해 배울 수 있는 것은 적어진다. 반면 시간이 조금 더 걸리더라도 아이가 삶의 기본을 잘 익혀서 스스로 문제를 해결하는 과정이 필요하다. 그렇게 하다보면 문제해결 능력이 향상되고 자신감을 갖게 될 것이기 때문이다.

스포츠에서 뛰어난 성적을 올리는 선수들은 모두 기본이 탄탄한 사람들이다. 어릴 때부터 철저하게 기본기를 익혀야만 자신만의 기술을 개발할 수 있다. 기본을 무시하고 기교를 부리면 좋은 결과를 얻기가 어렵다. '아무리 바빠도 바늘을 허리에 꿰어서는 쓸 수 없다.' 라는 속담은 오늘날에도 중요한 격언이다.

8. 손주가 가진 재능을 찾아주자

　지난 2월에 열린 '2018 평창동계올림픽'은 세계인의 스포츠 축제였다. 개회식과 폐회식을 비롯하여 각종 경기는 참가자들뿐만 아니라 TV를 시청하는 사람들에게도 커다란 감동을 주었다.

　올림픽을 성공적으로 치르기 위해서는 여러 분야의 전문가들이 필요하다. 최적의 결과를 얻을 수 있는 경기장을 설계하고 건설하는 사람들이 있고, 심판과 경기진행요원, 통역자, 자원봉사자, 기자 등의 헌신적인 노력이 요구된다. 개회식과 폐회식을 빛낸 사람들 중에는 가수와 무용수도 있다. 그들 뒤에는 뛰어난 작곡가와 연주가, 연출가도 있다. 심지어 경기장 주변의 주민들의 적극적인 협조와 희생도 중요한 요소로 작용한다. 어느 한 사람이 잘 한다고 올림픽이 성공적으로 치를 수 있는 것이 아니다.

　동계올림픽에 출전하는 선수들은 각기 자기가 잘하는 종목이 있다. 스키선수가 있는가 하면 스케이트 선수가 있다. 스키 경기에도 여러 종목이 있고, 스케이트에도 마찬가지다. 한 사람이 스키장과 스케이트장을 오가며 경기를 펼치면서 금메달을 목에 거는 선수를 본 적이 없다. 겨울 스포츠에도 자기 전문분야가 나누어져 있는 것이다.

사람들은 자기가 좋아하고 잘 하는 분야를 가지고 있다. 어떤 사람은 체육분야에서, 어떤 사람은 음악분야에서, 그리고 또 어떤 사람은 건축이나 언어분야에 뛰어난 재능을 가지고 있다. 미국 하버드 대학교의 하워드 가드너(Howard Gardner)는 1983년에 이와 같은 인간의 다양한 재능을 '다중지능(多重知能)' 이라고 정리하여 발표하였다. '백인백색(百人百色)' 이라는 말과 일맥상통하는 말이다. 사람마다 생김새가 다르고 성격이 다르고 능력이 다르다는 의미이다.

그는 인간의 지능을 다중지능은 논리-수학지능, 언어지능, 공간지능, 음악지능, 신체-운동지능, 자기이해지능, 자기친화지능, 자연친화지능 등 8가지 지능으로 구분하고 있다. 이것을 적용하면 각 분야에서 뛰어난 사람들에 대한 올바른 이해가 가능하다. 가드너의 다중지능이론은 지금까지 사람들의 지능을 평가하는 데 사용되고 있는 지능지수(IQ)로는 설명하기 어려운 문제에 대한 해답을 제공하고 있다.

가드너의 이론에 따르면 한 분야의 지능이 우수하다고 해서 다른 분야의 지능까지 우수한 것은 아니다. 바꾸어 말하면 국어나 수학을 잘 하는 사람이 음악이나 체육도 잘한다는 것은 아니라는 것이다.

만약 우리나라 교육현장에서 다중지능의 관점에서 학생들의 학업을 평가한다면 일대 변혁이 일어날 수 있다. 학교에서 가르치는 모든 교과목의 수업 시간과 평가기준을 동일하게 했을 때 전교 1등이 바뀔 수 있을 것이다. 어쩌면 공부를 잘 못 한다고 생각하던 학생이 상위 그룹으로 도약할지도 모른다. 대학수학능력시험에도 전과목을 동일한 기준에 두고 평가한다면 입학생들의 면면은 지금보다 훨씬 더 다양해질 것이다. 이렇게 되면 공부에 대한 학생이나 부모의 생각은 많이 달라질 수 있다. 국어와 영어, 수학 위주의 공부에서 벗어나 자기가 좋아하는 분야에 좀 더 집중해서 공부하면서 좋은 평가를 받게 되면 학생들의 자신감은 상승하고 창의력은 활발해질 것이다.

학교에 다닐 때는 별로 눈에 띄지 않았던 사람이 어른이 되어서는 한 분야에서 뛰어난 전문가가 된 경우 다중지능이론으로 설명이 가능하다. 논리-수학지능은 조금 부족했을지 몰라도 언어지능이나 자기친화지능과 같은 다른 지능이 우수하였을 수도 있기 때문이다.

아이를 키우는 부모와 조부모는 **하워드 가드너가 주창한 '다중지능'을 올바로 이해하면 자녀양육에 많은 도움이 된다. 아이의 머리가 얼마나 좋은가에 관심을 갖기보다는 아이가 무엇을 좋아하며 잘 하는지를 발견하는 것이 중요하다.**

아이가 자신의 꿈을 향해 나가는 데 전폭적인 지원을 해 주어야한다. 부모로부터 적극적인 지원이 있어야 한다. 유명한 운동선수나 예술인들의 성공은 타고난 재능에만 있는 것은 아니다. 그들의 성공은 결코 하루아침에 이루어진 것이 아니라 타고난 재능에 피나는 노력을 더하여 얻은 것이다. 아무리 뛰어난 능력을 가지고 태어났더라도 그것을 갈고 닦지 않으면 빛을 발할 수 없는 것이다.

다중지능은 신이 우리에게 내려 준 공평한 선물이다. 아이를 키우는 어른들은 아이의 부족한 부분에 대해 지적하기보다 아이가 가진 우수한 분야를 발굴하고 계발할 수 있도록 도와주어야 한다. 아이가 성장하도록 기다려 주며 잠재능력을 최대한 잘 발휘할 수 있도록 도와주는 멘토(mentor) 역할에는 인생 경험이 풍부한 조부모가 적격이다.

9. 온라인상에 가상 족보를 만들자

우리나라에는 각 가문마다 족보를 가지고 있다. 성(姓)과 더불어 조상으로부터 물려받고 있는 유산이다. 족보는 수백 년을 이어오면서 가문의 역사를 기록하고 있다. 양반은 물론이고 평민들도 족보를 귀하게 여겼다. 신라시대의 인물이 시조(始祖)인 가문이 있는가 하면 조선시대 인물이 시조인 집안도 있다. 중국에서 온 인물이 시조인 집안도 있다. 족보를 보면 누가 자신들의 시조이고 어떤 벼슬을 했는지, 누구와 혼인을 했는지, 자녀는 몇 명인지 등을 알 수 있다. 족보를 통해 자신의 혈통을 찾아낼 수도 있다. 그러나 족보의 핵심은 자신이 얼마나 유명한 가문의 후손임을 자랑하는 데 있지 않다. 족보의 중요성은 조상의 위대한 유산을 잘 지킬 뿐만 후손들에게 잘 물려주는 데 있다.

그러나 현실적으로 족보에는 몇 가지 한계점이 있다. 첫째는 여러 대를 지나면 혈족에 대한 정보를 얻기가 쉽지 않다. 농경사회와는 달리 흩어져 지내기 때문이다. 국내뿐 아니라 해외로 흩어져 거주하는 경우가 많아 직접 만나기도 쉽지 않다. 둘째는 족보가 대부분 한자로 기록되어 있어서 한글을 주로 사용하는 현대인들에게 부담을 주고 있다는 점이다. 최근에는 한글로 족보를 기록하는 가문도 늘어나고 있다. 셋째는 현재의 족보에서는 직계혈족 외의 확대가족에 대한 정보를 찾는 것은 어렵다. 결혼한 고모나 이모의 후손에 대한 정보를 알고 싶으면 그 가문의 족보를 찾아보아야 하는 번거로움이 있다.

공간적으로 멀리 떨어진 가족을 잘 묶어주는 수단으로는 온라인 족보가 매우 유용하다. 온라인 족보는 인터넷 공간에 홈페이지 (homepage, web-site)나 블로그(blog), 밴드(band), 카페(cafe) 등를 이용할 수가 있다. 가족단위로 폴더를 만들어 두면 대를 이어서 가계(家系)의 변화를 알 수 있다. 온라인 족보의 장점은 다음과 같다.

첫째, 시간적인 제약을 받지 않는다. 인터넷이라는 가상공간에 만들어둔 족보는 어느 때든지 볼 수 있다. 한밤중이나 대낮에도 작성이 가능하고 확인할 수 있다. 뿐만 아니라 지금 작성해 둔 내용을 몇십 년 후에 후손들이 볼 수도 있다. 일반 족보는 한 번 개정하는 데 몇 년이 걸리는 데 반해서 인터넷에는 수시로 정보를 올리고 수정할 수 있다. 잘못된 정보를 즉시 삭제할 수 있는 장점도 있다.

온라인 족보는 인터넷이 존재하는 한 영원한 기록저장소가 될 수 있다. 그 내용들을 5년, 10년, 20년 단위로 정리해서 예쁜 책으로 만들면 가족들의 좋은 추억이 될 수 있다.

둘째, 공간적인 제약을 받지 않는다. 현대인들은 자기들이 출생한 지역에서 살다가 죽는 경우가 매우 드물다. 공부를 하거나 취업을 위해 국내는 물론이고 해외에서 살아가는 시대가 되었기 때문이다.

오늘날 인터넷은 전 세계 어디서나 사용이 가능해지고 있다. 어느 나라에 살든 인터넷에 접속하여 정보를 획득하고 자신의 글을 올리는 것이 가능하다. 글뿐만 아니라 추억이 될 만한 사진도 올릴 수 있다. 스마트폰(smart phone)의 출현은 편리함을 더해 주고 있다. 해외여행을 하면서도 실시간으로 자신의 경험과 생각을 멀리 떨어진 가족에게 전해줄 수 있는 시대가 되었다. 비록 공간적으로는 떨어져 살지라도 가족간의 유대를 다지는 데는 인터넷이 매우 유용한 방법이다.

셋째, 확대된 가족간의 유대감을 강화할 수 있다. 온라인에 개설된 족보는 친족은 물론이고 혼맥으로 이어지는 확대된 가족들과의 유대감을 강화하는 데도 좋은 역할을 하게 된다. 온라인에서 아이들이 성장하는 모습을 교환한다든가 크고 작은 집안의 이야기들을 교환하면 친족간의 원활한 소통에도 도움을 줄 수 있다.

넷째, 다양한 내용을 기록할 수 있다. 일반 가정에서 보유하고 있는 전통적인 족보에는 일정한 형식이 존재한다. 그러다 보니 기록하는 내용도 비슷하게 된다. 출생연월일, 배우자, 자녀, 사망연월일 등 간략한 내용 등이다. 그러나 인터넷 족보는 자기가 좋아하는 형식으로 구성할 수 있다. 그 내용도 종이로 제작된 족보와는 비교할 수 없을 정도로 열려 있는 족보를 만들 수 있다. 자기가 태어난 고향 풍경이나 기억이 될 만한 가족들의 행사 사진들도 올릴 수 있다. 자녀의 결혼소식도 좋고, 출산소식도 좋다. 가족의 생일날에는 예쁜 축하 편지를 보낼 수도 있다.

다섯째, 안전한 기록장소이다. 인터넷이라는 가상공간에 가족들이 공유할 수 있는 사진과 기록물을 남겨 두는 것은 IT 과학의 힘이다. 현실적으로 족보를 만들거나 보관하는 데는 경제적인 문제 외에도 분실의 위험이 따른다. 컴퓨터에 저장된 기록물은 파일이 손상될 위험이 있고, 종이에 기록된 족보는 분실과 파손의 위험이 존재한다. 그러나 인터넷 족보는 이 세상에 인터넷이 존재하는 동안은 기록이 안전하게 저장될 것이다. 필요하다면 주기적으로 종이로 프린트하여 두면 효과적이다.

마지막으로 자녀의 성장일기로 활용할 수 있다. 인터넷 가상공간에 가문의 족보를 만드는 것과 더불어 자녀들의 성장일기를 기록해 두는 것도 좋은 일이다. 아이들이 어릴 때 일어난 일들을 간략하게나마 기록해 두면 아이가 자라서 자신의 어린 시절의 성장 과정을 알 수 있게 된다.

요즘에는 아이를 키우는 어머니나 조부모들이 일기를 쓰거나 인터넷에 기록해 두는 일이 늘어나고 있다. 글뿐만 아니라 사진으로 남기기도 한다. 휴대폰으로 찍어도 좋고, 디지털 카메라로 찍어도 좋다. 편리함을 추구하는 현대인들이 문명의 이기를 잘 이용하면 불과 몇 년 전만 해도 상상할 수 없었던 일들을 해낼 수 있다. 나는 8년이 넘도록 인터넷에 '초보할배'라는 닉네임으로 외손녀의 양육일기를 기록하고 있다.

조상대대로 내려오는 족보는 가문을 결속하는 힘을 가지고 있다. 첨단 기술이 발달한 오늘날에는 인터넷상에 가족끼리 소식을 주고받으며 족보와 같은 역할을 할 수 있는 가상 족보를 만들어서 활용하면 유용하다.

3장

신세대 엄마들은 힘들어요

1. 여보, 아이 등교를 부탁해요

현대 사회에서 자녀를 둔 가정주부들의 아침은 항상 바쁘다. 그 가운데서도 직장에 다니는 여성들의 경우는 더욱 바쁘다. 자신의 출근 준비 외에도 남편과 아이들의 아침식사 준비와 아이들의 등교에도 신경을 써야 하기 때문이다.

K씨는 결혼 15년차 가정주부이자 직장여성이다. 둘째가 네 살 때까지 13년간은 친정어머니가 아이를 돌봐주어서 육아에 별 어려움이 없었다. 어머니가 차려주는 아침밥을 느긋하게 먹고 출근하는 여유로움이 있었다. 그러나 친정어머니가 고향으로 내려간 이후로 그녀의 삶은 180도 바뀌었다. 느긋한 아침밥은 고사하고 매일 아침 가족들과 전쟁을 치르고 있다. 둘째가 유치원에 다니기 시작하면서부터 그녀의 아침이 더욱 바빠졌다.

요즘 그녀의 하루는 아침 6시부터 시작된다. 그녀는 매일 저녁 잠자리에 들기 전에 두 아이들의 등교준비를 해 준다. 큰 아이 숙제를 도와주고 둘째 아이 준비물을 점검한다. 혹시라도 빠뜨린 것이 있는

지 두 번 세 번 확인한다. 잠자리에 들기 전에 휴대폰의 알람을 아침 6시에 맞추어 둔다. 그러나 아침이면 휴대폰 알람이 울기 전에 눈을 뜬다. 식구들의 행복한 아침을 위해서는 한시도 긴장을 늦출 수 없다. 직장에 늦지 않게 출근하려면 아침 시간을 쪼개서 써야 한다. 처음에는 힘이 들었지만 지금은 어느 정도 훈련이 된 탓에 견딜 만하다.

식구들이 아침식사를 하는 동안 가볍게 화장을 마친 아내는 급하게 집을 나선다. 아이들의 등교는 남편이 해결해 준다. 초등 3학년에 다니는 첫째는 자신의 일을 스스로 해결하지만 둘째는 아직도 어른들의 보살핌이 필요한 유치원생이기 때문이다. 남편은 직장이 집에서 가깝고 출근시간도 아내보다 여유가 있어서 둘째 아이를 유치원 차량에 태워 보내고 난 뒤에 출근한다.

지난해 겨울방학이 가까워오자 집안에 비상이 걸렸다. 초등학생은 별문제가 없었지만 유치원에 다니는 둘째가 문제였다. 방학 중에는 유치원에 가지 않고 집에 머물러야 하는 둘째를 누군가는 보살펴 주어야만 하기 때문이었다. 5일의 방학 중에 남편이 1일, 아내가 1일 휴가를 내서 2일은 해결할 수 있었지만 나머지 3일이 문제였다. 친정과 시댁이 멀리 떨어져 있어서 아이를 맡길 수도 없었다. 그렇다고 이웃집에 두 명의 아이를 부탁하기도 쉽지 않았다. 결국 부부는 다른 도시에 살고 있는 부모에게 도움을 요청했다. 나이 많으신 어른들이 자녀들의 집으로 와서 손주들을 돌봐준 덕분에 위기를 무사히 넘길 수 있었다. 조부모의 지원군 역할은 성공적으로 마무리되었다.

　워킹맘은 직장에서는 주변사람들과 경쟁해야 하고, 가정에서는 엄마로서의 일과 가정주부, 그리고 아내의 역할을 수행해야 한다. 시댁과의 관계도 소홀히 할 수 없다. 어느 하나도 남에게 맡길 수 없는 중요한 것들이다. 1인 4역을 감당하기에는 하루 24시간이 턱없이 부족하다. 숨 쉴 여유도 없다. 맞벌이 가정에서 아이를 키우는 일과 집안일에 남편의 적극적인 도움이 필요한 이유이기도 하다.

　오늘도 출근하기 위해 집을 나서는 아내가 남편에게 하는 말 "여보, 아이 등교를 부탁해요."는 맞벌이 부부의 일상적인 아침 인사가 되었다. 맞벌이 가정에서 아내에게 가장 든든한 지원자는 남편임을 알게 해주는 말이다. 아이 엄마는 벌써 내년 여름방학이 걱정이다.

2. 나도 일을 하고 싶어요

베이비붐 세대는 자녀들의 교육에 많은 투자를 했다. 그 결과 그들의 자녀들은 부모세대에 비해 많이 배웠다. 특히 여성 교육에 많은 투자를 한 덕분에 여성들의 대학진학률은 오래 전에 남성과 비슷한 수준에 이르렀다. 교육에 있어서 남녀 차별이 없어졌다. 그 결과 여성들의 실력은 남성들에 결코 뒤지지 않는다. 어릴 때부터 남녀 차별 없이 성장한 그들은 매사에 자신감이 넘쳐난다. 직장에서도 자신들의 잠재력을 발휘하며 당당한 사회인으로 살아가고 있다.

지방의 소도시 출신 Y씨의 경우 결혼해서 얼마동안 직장생활을 계속했다. 첫아이를 낳고나서는 아이를 친정 부모님에게 맡겼다. 마음 놓고 직장생활을 할 수 있었다. 같은 도시에 사는 친정과 시댁 어른들이 많은 도움을 주었기 때문이다. 그녀가 취직을 한 이유는 돈을 많이 벌어서 큰 집으로 이사를 가거나 비싼 차를 구입하고자 하는 것이 아니다. 아이에게 좀 더 좋은 교육을 시키고 싶어서이다. 남편

혼자 벌어서는 도시생활을 하면서 아이들에게 넉넉한 교육비를 투자할 수 있는 여력이 없기 때문이다. 자신의 능력을 발휘하고 싶은 마음도 없지 않다.

남편이 다른 지역으로 전근을 가게 되면서 문제가 발생했다. 어렵게 구한 직장에 계속 다니면서 주말부부로 지낼까도 생각해 보았다. 그러나 대도시가 아이를 키우는 데 좋고 자신의 취업 기회도 많을 것이라는 결론을 내리고 이사를 했다. 그러나 그녀의 예상은 절반만 성공했다. 아이들은 도시 생활에 잘 적응했지만 본인은 자신의 전공을 살릴 수 있는 직장을 구하지 못 했다. 유치원에 다니는 두 아이를 키우는 것도 문제였다. 친정 부모와 시부모가 가까이에서 도와주던 것과는 전혀 다른 상황이 벌어졌다. 결국 아이 양육을 맡길 사람이 없는 타향에서는 취직은 생각조차 할 수 없게 되었다. 그녀는 취직하는 것을 포기하고 가정주부로서의 삶에 충실하고 있다.

그녀가 취직하는 것을 단념한 것은 아니다. 그녀는 아이가 스스로 자기 문제를 해결할 나이가 되면 다시 직장을 얻어 일을 할 계획을 가지고 있다. 그렇지만 아이가 크고 나면 마음에 맞는 직장을 구할 수 있을 것이라는 생각을 하지 않는다. 젊은 여성들도 취업하기가 힘든 상황에서 나이 많은 아줌마를 선뜻 채용해 줄 만한 직장을 찾기란 어려울 것이기 때문이다. 그래서 아이 엄마는 시간이 나는 대로 자격증 시험 준비를 하고 있다. 나이가 들어서도 일을 하려면 직업에 맞는 자격증이 도움이 될 것이라고 생각하면서 열심히 공부하고 있다.

　정부나 기업에서는 더 늦기 전에 대한민국의 젊은 사람들이 마음 놓고 결혼하고 자녀를 갖게 할 수 있는 방법을 찾아야 한다. 동시에 능력있는 젊은 여성들이 경력단절이라는 쓰라린 경험을 하지 않도록 하는 제도적인 장치가 필요하다. 젊은 사람들이 결혼을 미루거나 포기하면 가정은 물론이고 기업이나 나라의 장래는 암울해기 때문이다.

　지금도 길을 가다가 아이를 업거나 유모차에 태우고 다니는 젊은 엄마들을 보면 "나도 일한 마음과 능력이 있어요. 나도 남들처럼 나의 능력을 발휘할 수 있는 일을 하고 싶어요!"라고 외치는 것처럼 느껴진다.

3. 전업주부도 매일 바쁘다

두 아이를 키우는 전업주부 P씨의 아침은 언제나 분주하다. 새벽같이 출근하는 남편의 아침 식사 준비 때문에 늦잠을 잘 수도 없다. 남편이 현관문을 나서면 이번에는 두 아이와의 시간 싸움이 시작된다. 아이들이 가방을 메고 집을 나선 뒤에야 혼자만의 시간을 가질 수 있다.

현대의 가정주부들이 집안일을 하는 데는 과거에 비해 육체적으로는 많이 편해졌다. 각종 가전제품들이 주부들의 힘든 일을 대신해 주고 있기 때문이다. 힘든 빨래를 해 주는 세탁기가 대표적이다. 전자동 세탁기 덕분에 현대의 여성들은 더 이상 살을 에는 차가운 개울물에서 빨래를 하지 않아도 된다. 무더위 속에서 땀을 뻘뻘흘리며 빨래하던 고생도 이제는 옛이야기가 되었다. 바쁜 가정주부들은 빨래할 것들을 세탁소에 맡기기도 한다. 전기밥솥은 취사 버튼을 눌러두면 스스로 맛있는 밥을 지어준다. 눈물 흘리며 불을 때서 가마솥에서 밥을 하던 여인들의 수고를 덜어주는 고마운 제품이다. 문이

두 개 달린 커다란 냉장고와 김치를 사시사철 신선하게 보관할 수 있는 김치냉장고도 주부들의 일손을 많이 도와준다. 걸레로 바닥을 닦아내던 시절은 지나가고 로봇 청소기가 집안 구석구석을 청소하는 시대가 도래했다.

이와 같은 첨단장비들은 여성들의 가사노동시간을 크게 줄여주었다. 젊은 여성들의 삶의 질이 예전에 비해 많이 향상되었고 한편으로는 여유로워졌다. 노인들에게는 현대의 젊은 여성들의 이러한 삶의 모습이 과거에 비해 할 일이 너무 없는 것으로 비춰지기도 한다.

그러나 젊은 엄마들의 일과를 살펴보면 줄어든 가사노동시간을 대신할 일이 기다리고 있는 곳이 있다. 바로 자녀교육과 관련한 일이다. 시간적으로 여유가 생긴 엄마들의 관심은 자연적으로 자녀들의 교육에 쏠린다. 이로 인해 젊은 여성들의 여유시간은 줄어든다. 육체적인 노동의 강도는 줄어드는 대신 자녀교육에 대한 정신적인 부담감은 날로 늘어가고 있다. 치열한 입시와 취업경쟁을 치루는 아이들을 위한 일이 쉽지 않기 때문이다.

과거에 비해 자녀를 적게 낳는 현대의 여성들은 자녀를 잘 키우기 위해 최선을 다한다. 부모세대보다 더 많은 공부를 한 그들은 자녀교육에 더욱 적극적이다. 경제적인 여유가 있는 부모들은 아이들을 '왕자'와 '공주'로 키우기를 마다하지 않는다. '자녀의 성공은 엄마의 정보력'이라는 말은 많은 엄마들을 힘들게 한다. 자녀에게 유익한 정보가 있는 곳에 그들의 몸과 마음도 있다. 그들은 자녀를 잘 키우는 것이 세상의 모든 엄마들에게 주어진 신성하고도 막중한 임무라고 생각한다.

아이를 사립과 병설 중 어느 유치원에 보낼 것인가에 대한 고민은 시작에 불과하다. 영어공부를 위해서는 영어로 수업을 하는 유치원(실제로는 학원)에 등록하는 것도 심각하게 고민하기도 한다. 초등학교에 입학하기 전에 한글은 기본이고 영어공부도 미리 시켜야 좋다고 생각하기 때문이다.

영어교육에 관심이 많은 부모들은 영어를 모국어로 사용하는 선생님을 찾아서 영어회화를 배우게 한다. 영재교육에도 관심이 많아 심한 경우에는 5년 정도 선행학습을 시키는 부모들도 있다. 성적을 올리기 위한 학원 선택을 비롯하여 어느 대학에 보내야 좋은 직장에 취직할 수 있을 것인가에 이르기까지를 고민하게 된다.

예전에는 자녀가 태어나면 함께 사는 조부모를 비롯한 온 가족들이 서로 도와가며 양육하였다. 할아버지가 글을 가르치고 할머니가 가정 살림을 가르치는 경우가 많았다. 자녀양육에 대한 책임은 가족 전체의 몫이었다.

핵가족을 이루며 살아가는 전업주부에게도 조부모의 도움이 필요하다. 젊은 엄마들이 가지고 있는 지식이 부족해서가 아니다. 자녀 교육에 필요한 정보를 얻기 위해서도 아니다. 아빠와 엄마들이 자녀에게 전해줄 수 없는 것 중에 조부모들의 경험과 지혜를 통해 전해줄 수 있는 것들이 많기 때문이다. 학교 공부에서 배울 수 없는 귀한 것들이다. 조부모와 손주들이 함께 살아가는 동안 조부모의 지혜가 자연스럽게 후손들에게 전해지게 된다. 우리가 아끼는 전통과 문화는 그렇게 대를 이어 내려오고 있다. 젊은 부모들이 조부모를 대신할 수 없는 영역이다.

4. 젊은 엄마의 자존심을 살리자

나는 2010년 1월부터 지금까지 '초보할배'라는 닉네임으로 블로그(blog)를 운영하고 있다. 손녀가 태어나고 한 달 뒤부터 8년이 넘게 기록하고 있는 육아일기다. 블로그에는 주로 손녀에 관한 내용을 올린다. 손자와 다른 가족들에 대한 이야기도 들어있다. 아이가 성장하는 모습과 아이를 키우는 과정에서 느끼는 나의 생각들이 많다. 아이를 낳고나서 힘겹게 투병생활을 하는 아이 엄마 병간호를 하면서 손녀를 키우는 일은 결코 쉽지 않지만, 육아일기를 블로그에 올릴 때면 그날의 피로는 말끔히 사라졌다.

이 책을 집필하면서 블로그에 기록해둔 손녀의 육아일기를 들춰보았다. 2013년 10월 11일 아침에 일어난 아이와 아이 엄마 사이에 있었던 대화 내용이 눈에 띄었다.

아침을 먹고 급하게 유치원을 가야하는 외손녀는 어른들의 마음은 급해도 천하태평이다. 보다 못 한 아이 엄마가 "빨리 가야 하니 가방을 메고, 신발을 신고 가자."고 이야기한다. 그러자 아이가 정색을 하고 자기 엄마에게 말을 건넨다.

"엄마, 저도 다 알고 있어요. 이제 그만 말하세요."

그렇다 아이는 자기가 빨리 준비해서 집을 나서지 않으면 유치원 통학차가 기다린다는 것을 알고 있다. 그런데 엄마가 자꾸 재촉을 하니까 싫다는 표현을 한 것이다. 순간 어른들은 얼음이 되었다. 3년 10개월이 된 아이 입에서 이런 말이 나올 줄은 미처 예상을 못했기 때문이다.

요사이 아이는 자기주장을 논리정연하게 펴는 경우가 더러 있다. 어디서 들었는지 불쑥불쑥 어른스러운 언어를 사용하는 때도 있다. 이것을 보면 아이는 밤낮으로 성장하는 것이 틀림없다. 고맙고 감사한 마음이다. 손녀를 보면서 격대교육에 관한 글을 쓰는 할아버지는 이 세상에서 가장 행복하다.

이처럼 유치원에 다니는 어린 아이도 자신의 생각이 있고 좋고 싫음을 표현할 줄 안다. 그러나 며느리는 어른임에도 불구하고 시어머니를 포함한 시댁 식구들에게 자신의 좋고 싫음을 직접적으로 나타내는 것을 주저한다. 왜 그럴까? 그들도 무슨 일에 대한 자신의 생각이 있고 말로 표현할 수 있는 능력이 있지만 현실적으로는 자신의 생각을 말로 표현하지 않는다. 말을 할 수는 있지만 상황에 따라 자신의 행동을 자제하는 것이다.

가정에 사랑스런 손주가 태어나면 조부모는 세상을 다 가진 것처럼 좋아한다. 자신의 유전자를 이어받은 아이의 출생은 자신의 기쁨일 뿐만 아니라 가정의 기쁨이기도 하기 때문이다. 그러다 보니 자연스럽게 손주의 모든 것에 많은 관심을 가진다. 자기가 낳은 아들 딸보다 더 많이 사랑한다. 조부모의 손주 사랑은 먼 길을 나서는 아들에 대한 노모의 걱정의 차원을 넘어선다. 혈육에 대한 사랑이다. 손주들의 일거수일투족이 모두 그들의 관심 대상이다.

문제는 조부모들이 은연중에 자신이 경험한 육아법을 가장 좋은 것으로 생각하는 데 있다. 그러다 보니 육아경험이 없는 젊은 부모가 자녀를 키우는 것을 보면 불안하고 못 미더워서 간섭을 한다. 며느리나 딸에게 자신의 육아법을 따르라고 강요하는 것은 조심해야 한다. 아이를 기르는 젊은 엄마의 입장에서는 간섭으로 느낄 수도 있기 때문이다.

조부모와 젊은 부모의 육아법에 차이가 있을 수 있다. 누구의 육아법이 옳고 누구의 육아법이 틀리다는 것이 아니다. 과학이 발전하고 사회가 변하면서 시대에 따라 부모들이 선호하는 육아법이 달라졌을 뿐이다. **조부모가 손주 양육에 참여하는 경우에는 젊은 부모의 양육법을 수용하고 인정해 주는 것이 중요하다.** 조부모(주로 할머니)들도 자녀를 키울 때 그들의 부모세대가 그러했듯이 많은 시행착오를 겪었다. 조부모가 가지고 있는 양육법에는 그들의 생각과는 달리 허점이 많이 있다.

세상에는 완벽하고 절대적인 자녀양육법이 없다. 설령 있다고 하더라도 그대로 실행하기는 불가능하다. 부족한 부분은 서로가 보완하고 수정하면서 아이를 키워야 한다. 아이를 키우는 어른들의 육아법이 다르면 아이는 행동과 사고를 정립하는 데 어려움을 겪게 된다. 뿐만 아니라 조부모가 손주양육에 과도하게 참견하면 세대 간의 갈등이 시작된다.

요즘 젊은 여성들은 인터넷을 통해 생활뿐만 아니라 육아에 필요한 정보를 수집하는 데 익숙하다. 전문가들이 집필한 육아서를 통해서도 많은 정보를 얻고 있다. 아이를 유치원이나 학교에 보내는 엄마들은 다른 엄마들이 전해주는 정보를 자녀교육에 활용하며 살아간다. 그들은 자신들이 스스로 많이 배웠고 똑똑하다고 생각하기 때문에 어른들의 조언이 불편할 때도 많다. 그들의 눈에는 조부모들의 육아법은 비과학적 혹은 비현실적으로 비쳐지기도 한다. 경제적으로 어렵고 현대의학이 발달하지 않았던 30년 혹은 60년 전의 육아법이 현대인들과 잘 맞지 않을 것이라는 염려에서다.

일례로 지금의 60대 전후의 조부모들 중에는 자녀를 키울 때 『스포크 박사의 육아전서』를 육아법의 원전으로 삼는 집이 많았다. 그 당시에는 집집마다 한 권씩 소장하고 있을 정도로 인기가 좋았다. 일반 가정에서 접할 수 있는 대중적인 육아관련 서적이었다. 우리집에서도 아이를 키울 때 그 책을 참고하면서 키웠다. 그렇지만 30여 년의 세월이 흐른 지금 그 책을 육아에 참고하는 젊은 엄마들은 찾아보기 어렵다. 이것은 육아법도 시대에 따라 달라진다는 의미로 해석할 수 있다.

따라서 **조부모의 육아훈수는 가능하면 줄이는 것이 좋다. 조부모는 젊은 부모의 생활방식과 자녀양육법을 인정하고 도와주는 것이 현명하다.** 조부모의 양육방식이 옳다고 하더라도 손주의 육아에 너무 심하게 간섭하는 것은 바람직하지 못 하다.

조부모는 젊은 부모와 공동육아를 하는 것이 좋다. 육아에도 세대 간의 협업이 중요하다. 조부모의 육아법을 고집하기보다 젊은 부모의 육아법을 중심으로 육아를 하는 것이 현명하다.

어쩌면 여러분의 며느리나 딸도 "어머니, 저도 다 알고 있어요. 다만 가정의 평화를 위해 말로 표현하지 않을 뿐이랍니다."라는 말을 마음속으로 되뇌고 있는지도 모른다.

5. 헬리콥터맘이 아이의 장래를 망친다

L씨는 지방의 소도시 출신의 30대 여성이다. 그의 부모님은 교육에 관심이 많고 경제적으로도 여유가 있어서 자녀교육에 많은 투자를 했다. L씨는 초등학교 때부터 학원과외를 많이 받았다. 엄마가 정해 놓은 교육 시간표에 따라 열심히 공부한 그는 남들이 부러워하는 지방의 외국어고등학교에 다녔다. 어릴 때부터 총명했던 그는 부모의 희망대로 서울에 있는 소위 유명대학에 진학했다. 그러나 그의 대학생활은 혼란의 연속이었다. 1학년 때의 교양과목은 자신이 고등학교 때 받은 학원수업의 수준보다 높지 않았기 때문이었다. 학교생활에 무료함을 느끼게 된 후로 그는 공부보다는 놀기에 열중한 결과 겨우 낙제를 면할 정도의 학점을 받았다.

아이를 키우는 엄마들은 자녀 양육방식에 따라 스칸디맘(Scandi mom), 타이거맘(Tiger mom), 헬리콥터맘(Helicopter mom), 혹은 알파맘(Alpha mom) 등으로 불린다. 맹자(孟子)맘을 하나 더해도 좋을 듯하다. 이것은 아이를 키우는 부모의 교육방법이 개인마다 나라마다 다른 이유 때문에 생겨난 말이다. 알 듯 모를 듯한 이 단어들 속에 현대 엄마들의 자녀교육에 대한 고민과 열정이 들어 있다.

육아경험이 없는 초보 엄마들은 이들 단어들을 만나면 당황하게 된다. 아이에게 어느 방법이 가장 적합할까를 결정하는 것이 쉽지 않기 때문이다. 과연 이 중에서 어느 교육방법이 가장 좋을까? 대표적인 것 세 가지를 살펴보자.

첫째, 스칸디맘이다. 이것은 자율성을 강조하는 북유럽식 자녀교육법으로서 김난도 서울대 교수가 처음 사용한 용어이다.

스웨덴을 비롯한 북유럽 국가에서 널리 적용되고 있는 자녀교육 방법은 '7세 이전에는 글을 읽게 하거나 쓰게 하는 교육을 하지 않는다.' 라는 것이 핵심이다. 스웨덴에서는 아이들에게 늦은 나이(?)에 모국어를 읽는 것과 쓰는 교육을 시켜도 그들의 학업성취도는 다른 선진국에 뒤처지지 않는다. 우리나라 엄마들이 적용하기에는 불안감이 앞설 수 있는 교육방법이다.

그러나 최근에는 부모와의 소통과 자율성을 강조하는 스웨덴식 교육방법이 버릇이 없는 아이를 만들었다는 자성의 움직임이 일고 있다고 한다.

둘째, 타이거맘이다. 이것은 엄격한 규칙을 강조하는 자녀교육법이다.

아이의 모든 것을 부모가 통제하고 교육시키는 스파르타식이기도 하다. 미국 예일대학의 추아 교수의 『타이거 마더』라는 책으로 인해 세간의 주목을 받기 시작한 엄격한 자녀교육방법이다. 부모의 교육 스케줄에 따라 아이들이 생활하고 공부해야 하는 방식이다.

셋째, 헬리콥터 맘이다. 이것은 주로 우리나라 엄마들이 아이 주변을 헬리콥터처럼 맴돌면서 아이들의 모든 것에 간섭을 하는 극성 엄마들을 일컫는 말이다.

헬리콥터 맘의 특징은 필요한 것은 엄마가 알아서 해결해 준다는 데 있다. 엄마가 작성해 놓은 인생 로드맵(road map)에 따라 엄마가 원하는 방향으로 공부를 시킨다. 아이들은 그저 엄마가 시키는 대로만 하면 된다. 그러다 보니 아이는 좋은 대학에 진학하기 위해서 유치원에 다닐 때부터 엄마 손을 잡고 5,6개의 학원을 돌아다니면서 공부한다. 보통 4~5년 정도의 선행학습을 하는 경우가 많다.

헬리콥터 맘들의 극성은 자녀들이 대학생이 되어서도 변하지 않는다. 그들은 자녀들의 수강신청을 대신해 주기도 한다. 일부 엄마들은 자녀들의 성적이 기대에 미치지 못 하면 담당 교수에게 찾아가서 학점을 올려줄 것을 요구한다는 이야기도 있다. 최근에는 사회 지도층 인사들이 자신들의 지위를 이용하여 자녀문제에 개입하였다가 사람들의 비난을 받은 경우도 있다.

요즘은 손주를 돌보는 할머니들이 헬리콥터 맘을 대신하는 경우가 늘어나고 있다. 엄마들의 교육방침에 따라 나이 많은 할머니들이 손주들을 데리고 학원을 순례하기도 하고 희망하는 대학을 방문하기도 한다. 일부 할머니들은 손주들에게 필요한 분야를 직접 가르치기 위해 학원에 등록하여 영어를 비롯하여 놀이학습, 논술, 자기주도 학습법 등을 배운다. 심지어 최근에는 할머니들이 그룹을 만들어서 육아에 필요한 교육을 받는다는 보도도 있다. 젊은 엄마들의 요청에 의해 교육현장으로 내몰리는 할머니들은 자녀들에게 힘들다는 말도 못 하고 지낸다. 오히려 자기 때문에 손주가 남에게 뒤지지 않을까를 염려하며 스트레스를 받으며 살고 있다.

우리나라에서 헬리콥터 맘이 등장하게 된 이유는 과도한 자녀 사랑의 결과다. 부모가 자녀의 성공을 도와주는 것을 당연한 일로 생각하는 우리나라에서 일어날 수 있는 일이다. 그러나 과도한 관심은 오히려 자녀들을 무기력하게 만들 위험이 있다. 성장 가능한 아이들의 능력과 개성을 무시하고 엄마의 생각대로 자녀를 키우고자 하는 지나친 욕심이 문제로 지적된다.

헬리콥터 맘이 키운 자녀가 좋은 대학을 나오고 남들이 부러워하는 회사에 취직하면 그들은 과연 행복할까? 대답은 부정적일 수 있다. 곁에서 도와주는 엄마의 손길이 사라지게 되면 그들은 자신에게 다가오는 고난을 해결하는 데 어려움을 겪을 수 있다. 자기의 인생을 스스로 개척하는 방법을 배우지 못 한 젊은이의 미래의 자화상이다.

　부모가 아이의 성공을 위해 관심을 갖고 지원해 주는 것은 당연한 일이다. 그러나 아이의 의지나 미래의 꿈에 상관없이 부모가 정해준 길을 따라 살아야 하는 아이들은 목표 의식을 잃어버릴 위험이 있다. 지나친 관심이 자녀들을 무능한 어른으로 만들 수 있음을 기억해야 한다. 과유불급(過猶不及)의 의미를 되새겨볼 필요가 있다. 언제까지 엄마가 자녀들의 삶에 개입할 것인가?

6. 포대기에 숨겨진 비밀을 찾아라

식당에 가면 젓가락과 포크를 함께 제공하는 경우가 더러 있다. 우리 전통문화와 서양문화가 공존하는 모습이다. 한식을 먹을 때는 젓가락이 편리하지만 서양음식에는 불편하다. 서양음식에는 포크나 나이프가 실용적이다.

주거 생활에서도 동서양의 문화가 공존하고 있다. 대표적으로는 온돌과 침대의 공존이다. 아파트에 거주하는 우리나라 사람들은 실내 난방은 온돌 방식을 취하고 잠은 서양식인 침대에서 잔다. 겉모습은 서양식이지만 집안으로 들어서면 한국 전통방식을 따르거나, 반대로 외부는 한옥이지만 실내 장식이나 생활방식은 서양의 형식을 따르는 경우가 많다.

일상생활에서 마주하는 이러한 것들은 어느 것이 절대적으로 좋거나 나쁘다고 판단할 수 없다. 생활방식에 따라 편리하거나 유익한 것을 선택하는 개인적인 취향일 뿐이다.

금줄이 품고 있는 비밀

조상들이 지켜오던 태교법과 육아법은 세대를 거쳐 내려오는 동안에 많이 바뀌었다. 현대식 교육을 받은 젊은 사람들이 서양의 것을 받아들이는 대신 우리의 전통을 많이 버렸다. 수천 년을 이어온 전통에 담긴 뜻을 제대로 이해하지 못 하고 단지 오래 되었다거나 비과학적이라는 이유로 버린 것들이다. 그 중에는 전통적인 태교법과 육아법처럼 우리의 미풍양속과 조상들의 지혜와 경험이 담긴 것들이 포함되어 있다. 요즘 주목받는 세 가지 전통육아법이다.

첫째, 태교다. 옛날에는 집안에서 며느리가 임신한 사실을 알게 되면 온 가족은 건강한 아기의 출산을 위한 협력체제에 들어갔다. 임신한 여인들이 부정한 것을 보거나 듣지 못 하게 하였다. 심지어 나쁜 생각도 품지 못 하게 주의를 주었다. 임산부는 물론이고 가족들에게도 태교에 부정적인 것들을 멀리하도록 했다. 신세대 여인들이 태교음악을 듣는 것과 비슷한 이치이다.

둘째, 태어난 아이와 산모에 대한 청결유지와 보호방법이다. 아이가 엄마 뱃속에서 세상에 나오면 어른들은 대문에 금줄을 쳤다. 지나가는 사람들이 잘 볼 수 있도록 대문에 걸어두었다. 딸이면 새끼줄 중간 중간에 검은 숯과 솔가지를 교대로 꽂아놓았다. 아들이면 숯 사이에 붉은 고추를 꽂아놓음으로써 남자와 여자의 출생을 구분하였다.

이처럼 대문에 금줄을 치는 것은 마을 사람들에게 자녀 출산을 알리는 것과 동시에 외부인의 출입을 제한하기 위함이었다. 많은 사람들이 모였던 회갑이나 결혼식 등에 다녀온 사람들은 스스로 출입을 자제했다. 특히 장례식에 참석했던 사람들은 아이가 태어난 집을 방문하는 일은 허용되지 않았다.

이 금줄은 3칠일(三七日), 즉 3주 동안 대문에 쳐 놓았다. 아이를 낳은 엄마들은 이 기간 동안 따뜻한 아랫목에서 시어머니가 끓여주는 미역국으로 몸을 회복하였다. 산모와 아이를 외부세계로부터 격리시킴으로써 감염을 예방하는 조상들의 지혜였다.

요즘 젊은 엄마들이 아이를 낳으면 산후조리원에서 몸조리를 하는 것은 장소와 산후바라지를 하는 사람만 다를 뿐 근본 원리는 비슷하다. 산후조리원에는 여러 명의 산모가 머물고 있으며 많은 외부 사람들이 드나들기 때문에 위생과 산모의 안정이라는 점에서는 오히려 옛날방식보다 못하다는 생각이 든다.

셋째, 모유수유다. 과거에는 아이들이 엄마 젖을 먹는 것을 당연하게 여겼다. 간혹 엄마의 건강이 나쁘거나 엄마 젖이 부족한 경우와 같이 어쩔 수 없을 때는 젖동냥을 하거나 유모의 젖을 먹으며 자랐다. 그러나 요즘에는 산모의 건강에 관계없이 모유수유가 불편하다는 것과 날씬한 몸매를 유지하겠다는 이유 때문에 귀한 모유수유를 포기하는 여성들이 적지 않다.

그러나 다행스럽게도 최근에는 모유의 중요성이 인식되면서 아이에게 모유를 먹이는 엄마들이 늘어나고 있는 것이다. 초유에는 아이를 천식, 설사, 다양한 행동 문제와 정신건강상의 문제로부터 보호해 주는 성분이 들어 있다고 전문가들은 주장한다. 뿐만 아니라 모유 수유는 엄마들의 건강에도 좋은 것으로 알려져 있다. 유방암이나 난소암, 골다공증과 같은 질병을 예방해 준다고 한다. 자녀의 건강과 행복을 중요하게 생각하는 젊은 엄마들이 아이에게 초유를 먹이고자 하는 노력이 아이뿐만 아니라 엄마에게도 좋은 영향을 주고 있는 셈이다. 모유를 먹이는 엄마들이 날씬한 몸매를 유지할 수 있다는 것은 덤이다.

포대기의 비밀

1970년대까지만 해도 우리나라에서는 대부분의 엄마들이 아이를 업어서 키웠다. 아이의 백일잔치 선물로는 아이를 업을 수 있는 포대기가 우선순위에 포함되었다. 나도 어린 시절 두 동생을 포대기로 업어서 키웠다. 논밭에서 일하시는 부모를 대신해서 동생을 돌봐 준 것이다. 동네에는 나 말고도 동생들을 돌보는 친구들이 많았다. 아내도 남매를 업어서 키웠다.

요즘 젊은 엄마들은 아이를 등에 업는 포대기보다 아이를 가슴에 안고 다닐 수 있는 아기띠를 선호한다. 아이를 안고 이동하면서 아이와 눈을 맞춘다는 측면에서는 유용한 방법이기 때문이다. 아이와 친밀한 대화를 나눌 수 있는 이점도 있다. 젊은 엄마들이 포대기 대신에 아기띠를 사용하는 이유는 또 있다. 아이를 업어주면 다리가 휘어질 수 있다는 속설 때문이다.

그러나 아이를 안고 다니면 아이는 사물이 자기 앞으로 다가오는 것을 보는 것이 아니라 자기 눈앞에서 사라져가는 모습을 보게 된다. 마치 달리는 기차나 버스 안에서 뒤로 향한 좌석에 앉아 풍경을 구경하는 것과 마찬가지다.

뿐만 아니라 아이를 가슴에 안고 계단을 오르내리는 것은 불편하다. 때로는 앞을 제대로 볼 수 없어 넘어지는 경우도 있다. 뿐만 아니라 아이를 안고 있는 상태에서는 어른들이 일을 하기가 불편하다.

아이 입장에서 가장 불편한 점은 어른들이 대화를 할 때 상대방의 얼굴은 보지 못 하고 귓등으로 대화를 들어야 한다는 것이다. 어른들이 대화를 할 때 아이를 안고 있는 엄마 입에서 튀어나오는 침이 아이 얼굴과 머리에 떨어질 위험도 있다.

포대기로 아이를 업어주는 데는 그 나름대로 유익함이 있다. 아이가 어른의 등에 업혀서 지내는 동안 아이는 어른의 눈높이에서 어른이 보는 각도와 방향으로 사물을 볼 수 있다. 어른들이 이동할 때도 아이는 사물을 정면으로 볼 수 있다. 뿐만 아니라 아이가 어른의 등에 업힌 경우에는 잠을 잘 때도 침대나 방바닥 같은 어른들의 등에 그대로 기대기만 하면 된다.

교통이 발달하지 못했던 시절에는 어린 아이를 등에 업고 먼 길을 다녔다. 아이를 돌보는 어른의 입장에서도 장점은 있다. 우선 아이를 업은 채로 양손에 물건을 들 수 있고, 허리를 굽혀 일을 할 수도 있다. 그 외에도 아이가 자라면 안는 것보다 등에 업는 것이 힘이 덜 든다는 장점도 있다. 무거운 물건을 손에 들거나 가슴에 안는 것보다 등에 메는 것이 훨씬 편리한 것과 같은 이유다.

세월이 변해도 바뀌지 않는 게 있다. 힘들게 낳은 아이들을 잘 키우고자 하는 것은 모든 엄마들의 공통된 바람이다. 의학이 발달하고 정보교류가 활발한 21세기에 아이 잘 키우는 법은 넘쳐나고 있다. 문제는 엄마들이 어떤 것을 취하고 어떤 것을 버리느냐이다. 오래된 것이 모두 훌륭하거나 좋은 것이 아닐 수 있다. 마찬가지로 현대적인 것이 다 좋은 것은 아니다. 예쁘고 편리하다고 해서 좋은 것도 아니다. 많은 사람들이 좋아하고 따라 한다고 해서 반드시 옳은 것이 아님과 마찬가지다. 따라서 조상들로부터 물려받은 전통적인 육아법과 현대적인 육아법 중에서 자기에게 맞는 육아법을 선택하는 지혜가 필요하다.

7. 엄마에게 빨래터가 필요하다

앵두나무 우물가의 여인들

옛날 시골에서 젊은 여인들이 모이는 곳은 주로 우물과 빨래터였다. 집 근처에 있는 우물가에는 식사 준비를 위해 물 길으러 오는 여인들이 모이는 곳이었다. 그곳은 여인들이 답답한 부엌을 벗어나 이웃을 만나며 동네 소식을 비롯하여 세상 돌아가는 소식을 들을 수 있는 곳이었다. "앵두나무 우물가에 동네 처녀 바람났네"라는 노래 가사는 물을 긷기 위해 모인 여인들이 교환하는 정보 중에는 동네 총각에 대한 정보도 포함되었음을 알게 해 준다. 과년한 처녀가 물 길으러 가서 오랫동안 돌아오지 않으면 우물가에서 벌어지는 대화가 재미있었기 때문이다.

우리들의 할머니와 어머니들이 고된 시집살이를 하면서 쌓인 울분과 스트레스를 풀었던 두 번째 장소는 빨래터였다. 빨래터는 사람들의 눈에 잘 띄지 않는, 깨끗한 시냇물이 흐르는 한적한 곳이었다. 집 안에서 해결하지 못 한 속상한 일이 생기면 여인들은 빨래터를 찾아

갔다. 그곳은 우물과는 달리 남성들의 출입이 허용되지 않는 여성 전용공간이었다. 샘물을 긷기 위해 우물가를 찾는 남성들은 간혹 있어도 빨래터를 찾는 남성들은 없기 때문이었다. 한여름의 뙤약볕이나 한겨울 엄동설한에도 빨래터를 찾아오는 여인들의 발길이 끊어지지 않은 이유이다.

여인들은 우물가에서 쏟아내지 못한 이야기를 그곳에서 풀어놓았다. 자신과 비슷한 속앓이를 하는 동네 아낙들의 전폭적인 지원을 받을 수 있기 때문이다. 시집살이의 고난을 털어놓고, 자신의 삶의 고단함을 이웃집 여인들과 함께 나누면 자기도 모르게 가슴이 후련함을 느끼는 곳이었다. 빨래방망이로 빨래를 힘껏 내리치면서 가슴에 쌓인 한과 스트레스를 날려버렸다. 이처럼 빨래터는 고부간의 갈등이나 바람난 남편을 욕하는 여성들의 해방 공간이었다.

젊은 엄마들의 사랑방이 된 커피숍

대도시에 사는 전업주부 K씨는 매주 화요일마다 외출을 한다. 여섯 살짜리 아들을 유치원에 보내고 나서 집 근처에 있는 커피숍(coffee shop)으로 발걸음을 옮긴다. 친구를 만나기 위해서다. 결혼하면서 남편을 따라 타향으로 온 그가 마음을 터놓고 얘기하는 친구들이다. 그가 만나는 사람은 대부분 아이가 다니는 유치원의 학부모들이다. 아이 유치원 학부모들이 유일한 친구들인 셈이다. 함께 커피도 마시고 유치원 학부모교육에도 함께 참석하는 등 꽤 친밀한 관계를 유지해 오고 있다.

이처럼 젊은 여인들이 스트레스를 풀기 위해 찾아낸 곳이 커피숍이다. 이곳에 모인 여성들의 대화 상대는 자녀를 매개로 하여 이루어지는 경우가 대부분이어서 엄마들의 나이 차이는 별 문제가 되지 않는다. 아이가 어린이집이나 유치원에 다니기 시작하면 또래 아이를 키우는 엄마들과의 각종 정보교환이 필요하기 때문이다. 아이의 성장속도에 따라 대화의 폭이 결정되고 화제가 이어진다. 이들은 비슷한 시기에 학교를 다녔고, 결혼하여 아이를 낳아 기르기 때문에 서로를 이해하는 폭이 넓다. 동시대를 살아가는 엄마들의 입장에서는 이보다 더 좋은 대화 상대가 없다.

젊은 엄마들이 즐겨 찾는 곳은 커피점 외에도 소문난 맛집이 있다. 커피숍에서 이야기가 길어지면 그들의 발걸음은 자연스레 인근에 있는 맛집으로 옮겨진다. 마음이 통하는 사람들끼리 모여 맛있는 음식을 즐기며 스트레스를 풀어 버린다. 그곳에서 이루어지는 대화의 주제도 자녀교육과 가정생활이다. 학원에 대한 정보나 입시정보도 빼놓을 수 없는 단골 주제에 속한다.

커피숍이나 맛집을 찾아다니며 시간을 보내는 젊은 여성을 보는 노인들의 시선이 곱지 않다. 젊은 여인들이 한가하게 커피숍에 앉아 웃는 모습에 눈살을 찌푸리기도 한다. 그들은 쓴 커피 한 잔을 위해 점심 값에 버금가는 돈을 지불하는 것을 잘 이해하지 못 한다. 남편이 힘들게 벌어오는 돈을 아낌없이 써버린다고 생각하기도 한다.

그러나 젊은 여성들은 노인들이 생각하는 것만큼 낭비적이지 않다. 돈을 쓸 때와 절약할 때를 잘 조절하는 능력을 가지고 있다. 그들은 생활에 필요한 물건을 싸게 살 수 있는 방법을 나누기도 한다. 할인쿠폰 등을 모아서 정상가격의 절반 이하의 가격으로 커피를 마시기도 하고 때로는 영화구경도 한다.

옛 여인들이 우물가나 빨래터에 모여 정담을 나누었다면 현대 여성들은 커피숍이나 식당에서 자신들의 속내를 털어놓는다. 조부모 세대에게 우물가와 빨래터가 그들의 해방구였다면 현대 여성들에게는 커피숍과 맛집이 그 역할을 대신하고 있다. 과학이 발달하고 시대가 변해감에 따라 나타나는 삶의 방식의 차이이다.

빛의 속도로 빠르게 변화하는 시대를 살아가는 젊은 엄마들에게 현대적인 빨래터를 제공해 주자. 젊은 엄마들도 살림살이와 자녀양육 때문에 쌓인 스트레스를 날려버릴 공간이 필요하다.

8. 젊은 엄마들의 세 가지 고민

35세의 B씨는 직장생활을 하는 워킹맘(working mom)이다. 첫아이를 출산하고 집에서 몸조리를 하고 있는 그는 요즘 육아문제로 고민이 많다. 며칠 후면 회사에서 허락하는 출산휴가를 마치고 직장으로 돌아가야 하기 때문이다.

갓난아이를 품에 안고 젖을 물리며 아이가 커가는 모습을 보는 즐거움과 기쁨은 금세 지나가고 아이를 다른 사람에게 맡겨야 한다는 문제가 마음을 무겁게 만들고 있다. 육아도우미를 구하자니 경제적으로 부담이 적지 않아서 머뭇거릴 수밖에 없다. 친정어머니나 시어머니에게 아이를 맡기기도 조심스럽다. 나이든 어른들을 편히 모시지 못하고 오히려 힘든 아이 양육을 부탁하는 것이 미안하기 때문이다.

젊은 엄마들이 시어머니나 친정어머니에게 아이 양육을 부탁하는 것을 머뭇거리는 데는 몇 가지 숨은 이유가 있다.

첫째, 조부모가 아이의 무리한 요구나 응석을 잘 받아주어서 아이

버릇이 나빠질 수도 있다는 걱정이다. 젊은 엄마들의 이런 고민은 상당부분 맞는 말일 수도 있다. 실제로 조부모가 손주를 돌봐줄 때 아이의 잘못을 엄하게 다스리지 못 하는 경우가 적지 않다. 심지어는 아이가 우는 것도 조부모의 눈에는 귀엽게 보일 때도 있다. 이것은 조부모의 마음이 여려서도 아니고 무책임해서도 아니다. 굳이 이유를 들자면 나이가 들면서 어린 아이의 응석을 넉넉하게 받아줄 마음의 준비가 되었기 때문이다. 조부모의 손주 사랑은 내리사랑이라는 말 외에는 달리 설명할 방법이 없다. 이성적으로 판단을 내릴 수 있는 것이 아니다. 끝을 알 수 없는 조부모의 손주 사랑이 오히려 아이 부모를 불안하게 만드는 원인이 되기도 한다.

그러나 조부모가 손주를 키우면 버릇이 나빠진다는 말은 절반의 진실에 가깝다. 조부모의 입장에서는 이런 소리를 듣는 것이 부담스럽다. 엄마가 직접 키운 아이가 조부모가 키운 아이보다 모든 면에서 훌륭하다는 증거도 없다.

아동교육전문가들은 오히려 요즘 젊은 엄마들이 이전 세대보다 자식의 응석을 더 잘 받아준다고 지적하고 있다. 워킹맘은 아이를 떼놓고 직장생활을 하는 것에 대한 미안한 마음 때문에 아이가 요구하는 것을 더 잘 들어주는 경우가 많다는 것이다.

아이가 잘못을 저질렀을 때를 생각해보자. 엄마는 회초리를 들고 때릴 수 있다. 그러나 조부모는 그러지 못 한다. 육아 도우미는 더욱 그러하다. 주변 사람들의 반응도 엄청나게 차이가 난다. 엄마가 혼을 내면 사람들은 아이를 제대로 훈육한다고 한다. 할머니의 경우에는 좀 까다로운 할머니라고 생각한다. 육아도우미의 경우에는 손가락질을 해댈 뿐만 아니라 사회적으로 문제가 되기도 한다.

아이들의 반응도 다르다. 엄마에게 혼난 아이는 울면서도 엄마의 품에 안긴다. 조부모나 육아도우미에게 혼이 난 아이는 가까이 가기를 싫어한다. 엄마를 만나면 아이는 자신의 잘못은 숨기고 혼난 사실을 이야기하게 되어 어른들의 마음을 불편하게 만든다.

부모의 양육을 받지 못 하는 손주를 엄격하게 교육하여 훌륭한 인물로 만든 조부모들도 있다. 영국의 철학자 버트란드 러셀(Burtrand A. Russell)의 할머니와 미국의 방송인 오프라 윈프리(Oprah Winfrey)의 외할머니의 경우가 그렇다. 그들은 아이를 어릴 때부터 열심히 교육하였으며 엄격하게 키웠다. 그 결과 많은 사람들에게 좋은 영향을 끼치는 훌륭한 인물이 되었다. 이처럼 아이의 훈육방법은 조부모의 양육방식에 따라 다르다. 따라서 조부모의 너그러움에 대해 지나치게 걱정하지 않는 것이 좋다.

둘째, 어른들이 아이들에게 현대적인 교육을 시킬 수 없다는 막연한 불안감이다. 최근 20년 사이에 국가 교육을 총괄하는 장관이 자주 바뀌었다. 그들의 평균 재임기간이 10개월 정도 된다. 정권이 바뀔 때마다 부서명이 바뀌고 그때마다 교육정책이 거듭 바뀌고 있다.

1948년 문교부장관을 시작으로 교육부장관, 교육과학기술부장관, 부총리겸교육인적자원부장관 그리고 사회부총리겸교육부장관 등으로 이름이 바뀔 때마다 대학입시 정책이 계속 바뀌고 있다.

아이를 키우는 엄마들의 고민은 심각하다. 한 살 터울의 두 자녀를 키우는 가정에서 첫째 아이가 공부하던 책을 둘째 아이가 물려받지 못할 정도로 교육정책이 자주 바뀌는 것 때문이다. 이러한 불안함이 학부모들이 공교육을 신뢰하지 못 하고 사교육현장으로 몰리게 만들고 있다. 아이에게 올바른 입시지도를 하기 위해서는 아이를 키우는 어른들이 부지런히 발품을 팔아야 하는 형편이다. 조부모가 정보력과 현대적인 감각이 부족하다고 생각하는 경향을 가진 젊은 부모들의 고민이 들어 있다.

셋째, 영어교육에 대한 염려이다. 요사이는 초등학교 3학년부터 학교에서 공식적으로 영어를 가르친다. 영어에 관심이 많은 부모들은 아이를 영어전문 유치원에 보내 원어민에게 영어를 배우게 한다. 선행학습을 통해 학교에서 좋은 성적을 얻기 위해서이다.

3대가 함께 사는 가정에서 영어 발음이 원어민에 가장 가까운 사람은 바로 유치원에 다니는 손주들이다. 영어를 모국어로 하는 원어민에게 배울 뿐만 아니라 TV나 인터넷을 통해서도 현지인들의 발음을 배울 수 있기 때문이다. 이에 반해 60년대나 70년대에 영어를 배운 조부모 세대들은 영어 발음이 서툰 경우가 많다. 이 점이 젊은 엄마들이 아이를 조부모에게 맡기기를 부담스러워하는 이유 중 하나가 되고 있다.

맞벌이 부부들은 자신들이 힘들게 직장생활을 하는 이유가 바로 자녀들에게 좋은 교육기회를 제공하기 위함이라고 위로한다. 그러나 일하는 엄마들의 고민을 모두 속 시원하게 해결 줄 수 있는 묘안은 없다. 조부모들이 젊은 부모의 바람을 100퍼센트 충족시켜 주는 것도 쉽지 않은 일이다. 조부모와 젊은 부모들의 자녀교육에 대한 방향이 다를 경우 어른들이 서로 이해하고 협력하면서 자녀를 키우는 지혜가 필요하다.

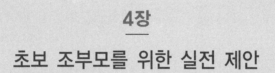

4장

초보 조부모를 위한 실전 제안

1. S$^+$ 세대에는 7가지 특징이 있다

요즘에는 노인들을 노년 초기(65-74세), 노년 중기(75-84세), 노년 후기(85세 이후)로 구분한다. 부모와 자녀가 함께 노인으로 불리며 살아가는 경우도 많다. 평균 수명이 크게 늘어나 100세가 넘어서까지 활동하는 노인들도 있다.

노인들의 특징을 한 마디로 표현하기는 어렵다. 설명할 수도 없다. 10대, 20대처럼 연령별로 뚜렷한 특징을 보이지 않는다. 노인으로 불리는 연령의 폭이 넓기 때문이다. 60대와 70대의 삶이 크게 다르지 않고, 80대와 90대의 삶이 비슷하다. 그래서 노인들의 특징을 명쾌하게 표현하는 단어가 없다. 60세 전후에 직장에서 은퇴한 노인들은 세상을 떠날 때까지 노인으로 살아간다.

60세 이상에 속하는 사람들을 부르는 호칭으로는 '노인' '어르신' '선생님' 등으로 다양하다. 퇴직하기 전의 직함으로 부르는 경우도 있다. 이들의 특징을 고려해서 부를 수 있는 것으로는 '60$^+$ 세대(Sixty Plus Generation)' 혹은 '에스 플러스 세대(S Plus

Generation)'가 적당하다고 생각한다. 그들은 여러 면에서 젊은 사람들과 구별되는 나름대로의 특징을 가지고 있다. 나이뿐만 아니라 신체적인 특징이나 삶의 모습이 다르다. 어떤 것은 장점에 속하고 어떤 것은 단점에 속한다. 노인들의 장단점을 알면 노인 세대를 잘 이해하는 데 도움이 된다. 그들은 길면 40년 가까운 세월을 더 살 수 있다. 이 시기에 그들은 조부모가 되기도 하고 새로운 취미생활을 즐기기도 한다.

(1) **Story** : 사람들은 모두 저마다 독특한 삶의 이야기(story)를 가지고 있다. 세월이 흐를수록 인생의 깊이는 깊어지고 축적된 경험은 풍부해진다. 그들의 삶 속에는 크고 작은 성공을 한 경험과 자랑스러운 과거가 있다. 어떤 사람들은 남에게 공개하기 어려운 부끄러운 과거도 가지고 있다. 그들이 쌓은 이야기가 가문과 나라의 전통이 되고 역사가 된다.

(2) **Senior** : 권위자 혹은 원로로 해석될 수 있는 단어이다. 전설적인 투자자인 워렌 버핏은 80대 중반을 넘어선 지금도 활발하게 일하고 있다. 세계경제에서 그의 영향력은 매우 크다. 이처럼 나이든 사람들은 오랫동안 한 분야에서 열심히 일한 사람들로서 자신의 분야에서는 전문가이다. 현직에 있을 때는 조직의 중요한 역할을 한 경험이 있다. 그들은 젊은 사람들에게 지식

과 기술을 전수해 준 뛰어난 멘토였다. 원로 그룹들의 경륜과 지혜는 조직의 안정과 성장의 밑거름으로 작용할 수 있다.

(3) **Slow** : 느림이다. 노인들은 젊은이들에 비해 움직임이 대체로 느리다. 나이가 들수록 몸도 약해지고 운동능력도 줄어든다. 그러기 때문에 노인들의 행동은 느릴 수밖에 없다. 노인들이 보여주는 느림이 답답함으로 비쳐지기도 한다. 나이든 사람들의 행동은 젊은이들보다 느리지만 판단능력은 결코 뒤지지 않는다. 세상에서 빠른 것이 항상 좋은 것이 아니라는 말은 요즘 각광을 받고 있는 슬로우 푸드(slow food)와 슬로우 시티(slow city)로도 알 수 있다.

노인들이 세상의 빠른 변화를 모두 따라야 할 이유는 없다. 활기차고 빠른 것은 젊은이들의 몫으로 남겨두는 것도 좋다. 나이든 사람들은 경륜과 지혜를 통해 명확한 사리 판단을 하는 것이 더 중요하다. 한 분야의 전문적인 지식은 노년기에 절정에 도달한다. 따라서 나이든 사람들은 젊은이들과 속도의 경쟁을 하기 보다는 상호 보완하는 방법을 찾아야 한다.

(4) **Stubborn** : 노인들의 고집스러움에 해당한다. 노인들이 새로운 것을 받아들이는 속도가 젊은이들보다 느린 탓에 노인들은 새로운 것을 잘 받아들이지 않고 자기주장만을 고집하는 사람

으로 인식되기도 한다. 이것은 노인에 대한 편견에 가까운 고정관념 중 하나다. 오히려 자신의 기존 견해를 고수하는 쪽은 중년층이라는 연구 결과도 있다.

(5) **S-Shape** : 나이든 사람들의 육체적인 특징 중 하나가 굽은 허리다. 육체적인 노화로 인해 허리가 구부러져 체형이 '노인형 S자' 모양이 된다. 그들의 굽은 허리는 가족을 먹여 살리느라 힘들게 일한 흔적일 수도 있다. 비록 몸매는 날씬하지 못 할지라도 그들의 머리와 가슴에는 'S자형의 아름다운 마음' 을 소유하고 있다.

(6) **Sacrifice** : 희생 혹은 헌신으로 해석할 수 있는 단어다. 나이든 사람들은 젊어서 부모에게 효도하고 가족을 위해 자신을 희생하며 살아온 세대다. 자녀들을 위해서는 어떠한 희생이나 수고도 마다하지 않는 것이 노인세대의 특징 중 하나이다. 사랑하는 자녀의 행복을 위해 모든 것을 내어줄 준비가 되어 있다.

(7) **Solitude** : 외로움 혹은 고독으로 해석할 수 있는 단어다. 나이든 사람들은 분리 혹은 이별을 많이 경험한다. 직장에서의 퇴직이 첫 번째다. 두 번째는 사랑하는 사람들과의 이별이다. 그 중에는 성장한 자녀들이 부모 곁을 떠나는 것도 있고 황혼이혼

이나 배우자와의 사별도 있다. 뿐만 아니라 나이가 들어갈수록 오랜 친구와의 이별 횟수가 늘어난다. 이러한 일이 반복될수록 그들은 커다란 슬픔과 외로움을 경험하게 된다.

'S⁺ 세대' (에스 플러스 세대 혹은 60 플러스 세대)는 사회의 짐이 아니다. 그렇게 되어서도 안 된다. 젊은이들과 경쟁하는 세대도 아니다. 경쟁할 수도 없고 그럴 필요도 없다. 그들만의 삶을 살아갈 수 있도록 해야 한다. 그들도 젊은 시절에는 새로운 것을 향해 전력을 다해 달린 사람들이다.

나이든 사람들의 장점을 활용하여 세대 간의 갈등이 아니라 세대 간의 협력을 얻어내는 노력이 필요하다. 퇴직 후 30-40년을 살아가는 나이든 사람들의 능력을 잘 활용하면 국가의 힘을 몇 배나 강하게 만들 수 있다. 국가와 사회가 할 일은 그들이 가진 것을 젊은 세대들에게 어떻게 잘 전달할 것인가를 고민하는 것이다.

비록 육체적으로는 젊은 세대와 견줄 수 있는 체력을 소유하지는 못했지만 지적으로는 많은 것을 소유한 'S⁺ 세대'의 건전한 활약이 기대된다. '인생은 60부터', 혹은 '60은 청춘'이라는 말은 많은 의미를 내포하고 있다.

'S⁺(Sixty Plus) 세대'는 결코 'Spare(여분) 세대' 혹은 'Surplus(잉여) 세대'가 되어서는 안 된다. 오히려 노인들은 'Society

Plus 세대', 다시 말해서 '사회에 유익이 되는 세대'가 되어야 한다. 노인들이 속한 가정, 조직 나아가 사회에 건전한 유지와 발전을 위해 유익한 역할을 할 수 있는 사회가 21세기에 살아남을 수 있다. 노인 세대가 가진 경험과 지혜를 후손들에게 물려줄 수 있는 기회를 제공하고 그들이 남긴 유산을 계승 발전시키고 그에 합당한 대접을 하는 사회가 진정한 문명사회이다. 모두의 노력이 필요하다.

2. 은퇴는 인생 3막의 시작이다

사람은 태어나면 누구나 자기 몫의 삶을 살게 된다. 어떤 사람은 짧게 어떤 사람은 길게 살다가 세상을 떠나간다. 사람들은 이런 인생을 운동경기에 비유하기도 하고 연극에 비유하기도 한다. 나는 개인적으로 인생(人生)을 3막으로 구분하는 것을 지지한다.

제1막은 태어나서 결혼(독립)하기 전까지의 삶이다. 사람이 태어나서 대략 25세에서 35세까지의 기간이다. 빈손으로 이 세상에 태어난 아이들은 어른들의 보호를 받으며 제1막을 보낸다. 인생에서 매우 중요한 기간이다. 초등학교에서 시작된 배움의 시기는 대학교까지 이어진다. 자신의 성장을 위한 시기요 미래를 준비하는 소중한 시기이다. 그 과정에서 치열한 경쟁을 치르고 인생의 기본을 습득한다.

이 기간 동안 아이들은 삶에 필요한 기본적인 지식을 많이 쌓는 것이 중요하다. 인생 2막에 성공적으로 진입하는 데 필요한 준비를 하는 시기이도 하다. 인생 1막을 성공적으로 보낸 사람들은 별 어려움 없이 인생 2막에 성공적으로 진입할 가능성이 높다.

제2막은 부모의 품을 떠나 본인의 힘으로 독립하여 사회생활을 하는 삶이다. 25세(35세) ~ 55세(65세)까지의 기간이다. 우리는 인생 2막 기간에 취업을 하고 결혼을 하며 자녀를 낳고 살아간다. 마음에 드는 직장에 취업하는 것과 평생을 함께할 배우자를 만나는 것은 어렵고 중요한 일이다.

이 시기는 인생의 꽃을 피우는 시기이다. 인생에서 가장 열심히 일하는 시기이기도 하다. 직장생활을 통해 가족을 부양하며 미래를 대비하게 된다. 인생 1막과 마찬가지로 어느 누구도 이 기간을 단축하거나 건너뛸 수 없다. 달콤한 열매를 맛보기 위해서는 치열한 경쟁에서 승리하여야 한다. 이 시기를 어떻게 보내느냐에 따라 인생 3막이 많이 달라진다. 이어지는 3막을 위해 건강과 경제적인 문제를 잘 관리해야 한다.

마지막으로 제3막은 직장에서 은퇴한 이후의 삶이다. 55세(65세)에서 세상을 떠날 때까지의 기간이다. 어떤 사람에게는 이 기간이 짧고, 어떤 사람에게는 길다. 인생 3막에 진입하고 못하고 세상을 떠나는 사람들도 적지 않다. 진입한 사람들은 대부분 조부모가 된다. 인생 3막은 누구나 나이가 들면 맞이한다는 것과 진입장벽이 없다는 것이 특징이다. 이 시기를 잘 보내기 위해 특별한 자격증을 따야 할 필요도 없다. 이 말은 그만큼 그 과정을 통과하는 것이 험난하다는 것을 암시하는 말이기도 하다.

이 시기에는 건강은 물론이고 재정적인 문제도 중요하다. 직장인의 경우에는 50세 전후가 되면 인생 3막에 대한 준비를 해야 한다. 입학시험이나 입사시험과 같은 시험 준비가 아니라 자신의 건강을 비롯하여 재정적인 부분과 마음의 준비를 해야 한다.

은퇴는 인생의 마지막이 아니다. 은퇴는 인생 2막을 마감하고 3막을 시작하는 것이다. 평균수명이 예전에 비해 크게 늘어났다는 것은 인생 3막의 기간이 그만큼 늘어났다는 이야기가 된다. 개인에 따라서는 인생 3막이 가장 긴 세월이 될 수가 있다. 평균 수명을 80세로 본다면 60세 전후에 은퇴를 하는 사람은 짧게는 20년 전후의 인생을 살 수 있다. 100세까지 살아가는 사람은 40여 년의 인생 3막을 살아가야 한다.

이 시기에 속한 사람들의 수입은 줄어들고 체력은 눈에 띄게 약해진다. 충분한 준비를 하지 못하게 되면 허탈감과 박탈감에 사로잡혀 우울증과 같은 예상치 못 한 질병으로 고생할 수도 있다.

따라서 인생 3막을 시작하는 은퇴자들은 현명한 준비를 해야 한다. 인생 3막은 자신이 준비해야 한다. 그것도 철저하게 준비해야 한다. '어떻게 되겠지'라는 생각은 금물이다. 그 시기를 통과하는 데 필요한 자금을 마련하지 못 한 사람들에게는 고생길이 된다.

인생 3막이 1,2막과 다른 점은 3막이 독립적이 아니라 1,2막과 밀접하게 연결되어 있다는 것이다. 1막과 2막의 영향을 많이 받는다. 인생 1막과 2막을 성공적으로 마무리한 사람은 인생 3막의 통과가 대체로 순탄하게 이루어진다. 손주들의 등장은 조부모들의 노후 인생을 훨씬 풍성하게 만든다. 사랑하는 가족과 함께 인생 3막을 맞이하는 노인들은 '붉게 물든 저녁노을'을 평화롭게 바라볼 수 있다. 이런 노인들은 행복한 노후를 보내는 사람들이다.

3. 행복한 노년을 보내고 싶으면
3가지를 버려라

어느 날 아침 10시 경에 사진을 인화하기 위해 단골 사진현상소에 들렀다. 사무실 문을 열고 들어서자 70대 전후로 보이는 몇 사람이 모여 담소를 나누고 있었다. 지난 주말 출사를 가서 촬영한 사진을 품평하는 자리였다. 그 중 한 사람이 테이블 위에 놓인 사진을 가리키며 사진의 구도며 빛의 각도 등에 대해 간략한 평가를 하였다. 모두들 귀를 세우고 열심히 듣는 모습이 마치 학생들이 선생님의 설명을 듣는 것과 흡사하였다. 때로는 웃기도 하고 때로는 고개를 끄덕이며 즐거운 시간을 보내고 있었다.

설명이 끝나자 머리를 검게 물들인 할머니 한 분이 입을 열었다. "이번 주말에는 매화꽃이 만발한 광양으로 출사를 가보는 게 어떨까요?" 그러자 곁에 서 있던 동료들이 큰 소리로 "좋아요!"를 외쳤다. 수학여행을 앞둔 학생들처럼 사진동호회 회원들의 얼굴에는 환한 미소가 번졌다.

무엇이 이 노인들의 가슴을 설레게 만들고 있을까? 왜 그들은 불평 대신 희망의 내일을 기대하는 것일까? 이유는 간단하다. 그들의 손에 들린 카메라 덕분이었다. 카메라 렌즈를 통해 세상을 새롭게 보는 법을 배우면서 그들의 삶이 풍요로워졌다.

노인들이 행복할 수 있는 조건은 호화유람선을 타고 세계일주를 하는 것이 아니다. 자식들에게 남길 수천 억 원의 재산을 축적하는 것도 아니다. 에베레스트 정상에 오를 정도의 강인한 체력도 아니다. 그들이 바라는 것 중 하나는 마음에 맞는 사람들과 함께하는 것이다. 젊은 시절 온 힘을 다해 이루고자 했던 것들을 하나 둘씩 내려놓으면서 마음을 비우는 것이다. 노년의 행복은 채우는 것에 있지 않다. 진정한 행복은 나누고, 버리는 것에서 얻을 수 있다. 그렇다면 행복한 은퇴자로 살아가기 위해서는 무엇을 버려야 할까?

첫째, 욕심을 버려야 한다. 인생 3막을 살아가는 은퇴자들이 제일 먼저 버려야 할 것은 욕심이다. 지나친 욕심은 개인을 파멸에 이르게 할 수도 있기 때문이다. 자신의 능력이나 체력을 고려하지 않은 무모한 욕심은 자제해야 한다. 욕심에서 비롯된 무모한 도전은 상처만 남길 수도 있다.

경험이나 지혜가 많다고 해서 무슨 일이든지 잘 할 수 있다는 것은 아니다. 오히려 새로운 지식으로 무장한 젊은 사람들이 나이든 사람보다 월등하게 일을 잘 처리할 수도 있다. 내가 아니면 안 된다는 생각을 버려야 한다. 큰 일을 이루겠다는 욕심보다 작은 일이라도 잘 마무리하는 것이 현명하다.

둘째, 고집을 버려야 한다. 노인이 되면 고집이 세다고 한다. 이 말은 절반의 진실일 수도 있다. 노인들이 이 말을 듣는 이유 중에는 새로운 것을 받아들이는 속도가 느리고 서툴기 때문이다. 그들은 익숙한 과거를 쉽게 버리지 못하고 그것에 매달린다. 노인들이 수십 년동안 쌓은 경험과 습관들을 하루아침에 버리는 것은 쉽지 않기 때문이다.

첨단기술이 발달한 현대에는 노인들이 새로운 기술을 배우는 것이 쉽지 않다. 그러다보니 컴퓨터나 인터넷과 같은 신기술은 젊은이들에게 배워야 한다. 이를 위해서는 젊은이들과의 원활한 소통이 필수적이다. 나이가 들어갈수록 자기가 알고 있는 것이나 가진 것에 대한 미련을 버리고 새로운 것을 받아들이는 노력이 필요하다. 지나친 고집은 풍요로움 속에서 고립을 자초하기 쉽다.

셋째, 지혜와 경험을 버려야 한다. 노년에 행복해지기 위해서는 역설적이지만 자신이 가진 지혜와 경험을 버려야 한다. 쓰레기통에 버리는 것이 아니라 젊은이들의 마음 밭에 고이 버리는 것이다. 핏줄을 이어받은 후손뿐만 아니라 세상의 모든 청년들에게 아낌없이 주고 떠나야 한다. 자신들의 삶에서 성공과 실패를 통해 얻은 지식과 교훈을 후손들에게 잘 물려주어야 한다. 자신들이 선조들에게 값없이 물려받았던 것처럼 아무 대가없이 물려주는 어른이 되어야 한다. 그런 다음에는 건강한 새로운 싹이 나고 좋은 열매를 맺을 수 있도록 물을 주고 가꾸면 된다.

노인들은 과거를 노래하고 젊은이들은 꿈을 꾼다. 노인들은 안정을 지향하고 젊은이들은 새로운 도전을 즐긴다. 노인들은 젊은이들에 비해 과거가 길고 미래는 짧다.

꿈을 꾸는 젊은이들은 아름답고 건강하다. 꿈과 희망으로 가득한 젊은이들에게는 아름다운 미래가 있다. 이러한 젊은이들이 많은 가정과 사회는 희망이 있다. 꿈이 없는 젊은이들에게는 희망이 없다. 과거를 답습하는 젊은이들에게도 희망이 없다.

노인들이 바라는 미래는 젊은이들이 열심히 일하는 행복한 사회다. 젊은이들이 꿈을 이루며 나날이 발전해 나가는 모습을 보는 것이다. 노년의 삶이 행복하기 위해서는 '욕심', '고집', '지혜와 경험'을 버려야 한다.

4. 할멈, 나는 당신이 필요해요

3년 전 정년퇴직을 한 A씨는 집에서 소일하며 지내고 있다. 하루는 아침 식사를 마친 후에 퇴직 전 함께 일했던 동료를 만나러 가기 위해 외출 준비를 하다가 넥타이를 찾지 못했다. 그는 습관처럼 아내에게 넥타이를 찾아달라고 부탁을 했다. 부엌에서 설거지를 하고 있던 아내는 뒤도 돌아보지 않고 한 마디 했다.

"부엌일로 바쁜데 왜 넥타이를 나한테 찾아달라고 하세요? 이제는 자기 물건은 스스로 챙기세요. 초등학교 다니는 애도 아닌데 언제까지 이럴 거예요? 나도 바쁘단 말이에요. 설거지 중인 것 안보이세요?"

예상치 못 한 아내의 반응에 남편은 당황했다. 아내가 무심코 던진 한 마디가 남편을 초라하게 만들어 버렸다. 기가 죽은 남편은 작은 목소리로 말했다. "여보, 미안해. 이번 한 번만 수고해줘요."

특별히 할 일도 없는 남편이 넥타이를 찾아달라고 요구하자 아내의 인내심이 바닥을 친 셈이다. 평생 동안 남편의 뒷바라지를 해온 아내들의 입장에서 보면 수긍이 가는 항변이다. 그러나 아내의 갑작스러운 반발(?)을 접하는 남편들은 낭패감을 느낄 수밖에 없다. 남편들은 '지금까지 잘 해오다가 갑자기 왜 저렇게 비협조적으로 나오지? 아니, 내가 뭐 힘든 일을 시킨 것도 아닌데 왜 이렇게 난리를 피우는 거야?' 라는 생각을 하게 된다.

결국 남편은 아내가 설거지를 끝낼 때까지 기다렸다가 아내가 찾아주는 넥타이를 매고 부리나케 집을 나섰다. 퇴직한 남편들이 아내로부터 받는 대우는 A씨와 비슷한 경우가 많다.

밤낮으로 일에 파묻혀 일하는 남편 뒷바라지가 힘들다고 불평하던 아내들도 막상 남편이 퇴직 후에 하루 종일 집에 머물게 되면 오히려 더 힘들어하는 경우가 많다. 남편이 은퇴를 하면 아내의 일거리가 줄어드는 것이 아니라 늘어난다. 아내의 집안일을 도와주기는커녕 하루 종일 집에만 머무르며 아내를 부려먹기(?) 때문이다.

은퇴한 남편이 집에 있으면서 하루 세 번의 식사를 챙겨먹는 것을 두고 아내들이 붙인 별명은 '삼식이'다. 이런 일은 아내가 남편을 미워하기 때문에 생기는 것이 아니다. 낮 시간에 집에 있는 남편과 함께 지낸 경험이 없기 때문이다.

남편들의 자신감과 자존감이 급격하게 낮아질 수 있다. 마음은 청춘인데 할 일이 없고 새로운 일을 시작할 의욕도 사라진다.

퇴직 후 할 일이 없어진 남편들의 자신감과 자존감은 급격히 낮아진다. 마음은 청춘인데 할 일이 없고 새로운 일을 시작할 의욕도 사라진다. 기가 죽어가는 남편에게 가장 필요한 존재가 바로 아내이다. 무심한 남편이라고 등 뒤에서 불평을 하던 아내의 도움이 절실하다. **몸이 쇠약해지고 경제력도 없어진 남편의 기를 살리는 것은 아내가 건네주는 따뜻한 말 한 마디다.** "여보, 나는 당신을 사랑합니다. 지금까지 가족을 위해 고생 많이 했으니 이제는 여유를 가지고 살아갑시다."라는 말을 듣는 남편은 행복하다.

남편에게만 아내가 필요한 것이 아니라 아내에게도 자상한 남편이 필요하다. 부부가 서로에게 사랑이 담긴 격려의 말을 아끼지 않을 때 행복한 노후를 보낼 수 있다. 이종선의 『멀리 가려면 함께 가라』라는 책이 있다. 퇴직 후에도 30년 이상을 함께 살아가야 하는 부부가 명심해야 할 말이다.

2013년에 이혼한 부부 중에 20년 이상 결혼생활을 한 부부의 이혼, 소위 황혼이혼이 전체 이혼 건수의 26.4%를 차지하고 있다는 통계청의 발표가 있었다. 이들 중에는 여성들이 먼저 이혼을 요구하는 경우가 많다고 한다. 자녀들을 결혼시키고 나서 이루어지는 황혼이혼의 원인은 주로 남편에게 있다는 것이다. 젊은 시절 일을 핑계로 가정을 등한시하는 남편들에게 보낸 아내들의 경고를 무시한 결과다. "당신 나중에 돈 없고, 힘 빠질 때 봅시다."라는 말이 결코 허언이 아니었던 셈이다. 황혼이혼은 은퇴한 남자들에게 2중의 고통을 안겨준다. 배우자의 사망 다음으로 큰 충격을 주는 것이 이혼이기 때문이다.

　퇴직한 남편들이 노년에 황혼이혼을 당해 쓸쓸한 삶을 살고 싶지 않다면 아내들에게 사랑을 고백하는 것도 좋은 방법 중 하나이다. 20대처럼 가슴 뛰는 사랑의 감정이 아니어도 괜찮다. 적어도 결혼해서 30여 년을 남편을 기다리고, 도와주며 자녀를 길러준 아내에게 고맙다는 말을 전해주자. 자녀를 키우면서 묵묵히 가정을 지켜준 아내의 거칠어진 손을 잡아보면 바쁘다는 핑계로 그동안 잊고 지냈던 아내의 사랑이 얼마나 큰지 깨닫게 될 것이다. 인생 3막에서도 남편에게는 친구 같은 아내가 필요하고 아내에게도 자상한 남편이 필요하다. 사랑은 일방통행이 아니라 양방향 통행과 같다.
　"여보, 나는 당신이 필요해요!"

5. 커피 한 잔 합시다

직장인들 중에는 하루 빨리 은퇴를 해서 조용히 살고 싶다고 생각하는 사람들이 많다. 공기 좋고 물 맑은 깊은 산속에 작은 오두막을 지어놓고 한가로이 책을 읽거나 그림을 그리는 꿈을 꾸기도 한다. 아내와 함께 오붓한 여행을 즐기거나 오랜 친구들을 만나 옛이야기를 나누고 싶어 한다. 그러나 여유로운 노후를 꿈꾸며 직장을 나서는 순간 세상이 변했다는 것을 깨닫는다.

퇴직자들이 피부로 느끼는 변화에는 세 가지가 있다.

첫째, 직장생활을 할 때는 늘 부족했던 시간이 퇴직 후에는 주체할 수 없이 넘쳐나는 점이다. 할 일이 없는 경우에는 하루는 24시간이 아니라 25시간처럼 느껴진다. 어떤 사람은 "하루가 일 년 같은 느낌이 든다."고 이야기한다. 그토록 갈망하던 여유로움은 얼마 지나지 않아 답답함으로 변한다. 넘쳐나는 시간이 오히려 부담이 되는 것이다.

둘째, 사람 만나는 것에 대한 두려움이다. 현역으로 일할 때는 직장 동료 외에도 많은 사람을 만나 업무를 처리했지만 퇴직과 동시에 만나야 하는 이유가 사라진 탓이다. 주머니 사정이 넉넉하지 못한 은퇴자들은 되도록 외출을 삼간다. 친구를 만나 운동을 하거나 차를 마시는 것도 쉽지 않다. 옛 동료나 후배를 찾아가서 대화를 하거나 점심을 먹는 일도 한두 번이면 족하다.

셋째, 행동범위의 축소이다. 아내와 자녀와의 관계에도 변화가 일어난다. 사회적인 역할도 많이 상실하게 된다. 퇴직 후 갑자기 줄어든 인간관계는 은퇴자들을 상실감에 빠뜨릴 위험이 있다. 심한 경우에는 우울증에 빠지거나 건강이 나빠지게 만들 가능성도 있다. 이를 극복하기 위해서는 퇴직 후에도 긴밀한 관계를 유지하는 인간관계를 맺어야 한다.

미국 미시건 대학의 연구에 따르면 **노후 인생에 대해 만족하는 사람은 최소한 16명 이상의 네트워크를 가지고 있다**고 한다. 그것은 은퇴자들이 건강하게 사회생활을 유지하는 데 필요한 인적 교류를 의미하고 있다.

60세에 퇴직을 하고 평균수명인 80세까지 산다고 가정하면 퇴직자들의 앞날은 어림잡아 20년(7천일)이 넘는다. 그 길고 긴 세월 동안 아무런 계획 없이 산다는 것은 대단히 어리석인 일이다. 20년이면 대학을 5번 다닐 수 있는 긴 시간이고 자신의 직장 생활의 3분의 2에 속하는 시간이다. 이 시간을 호화 유람선을 타고 해외여행을 하거나 날마다 골프를 치러 다닐 경제적인 여유를 가진 사람은 많지 않다. 그럴 수도 없다. 그렇다고 등산화 끈을 조이고 날마다 산을 오를 수도 없는 노릇이다.

나는 요즘 많은 사람들을 만난다. 책을 집필하기 위한 자료를 수집하는 과정에서 만나는 사람들이다. 은퇴자들도 있지만 젊은 사람들도 많다. 그 중에서 나에게 힘을 주는 사람들은 주로 젊은 사람들이다. 사회에서 활발하게 활동을 하는 40대 중반이 많다. 나는 그들에게 새로운 것을 배운다. 세상 돌아가는 것도 듣는다. 얼핏 보면 나이 차이가 나서 서로 맞지 않을 것 같지만 대화를 하다보면 서로가 서로에게 주고받는 것이 적지 않다. 내가 그들에게 나의 경험과 지식을 전해주는 것보다 내가 배우는 것이 더 많다고 깨달은 것은 그들과의 교류가 깊어지고 난 다음이었다. 그들은 나를 통해 아름답게 늙어가는 것을 배우고 나는 그들로부터 삶의 에너지를 얻는다. 누가 더 많은 것을 취하느냐가 아니라 서로를 이해하고 배우는 것이다.

커피 한 잔을 여유롭게 함께 마실 친구를 만들려면 마음의 문을 열고 세상으로 나가야 한다. 젊은이들에게 따뜻한 커피 한 잔을 사 줄 수 있는 마음의 여유가 필요하다. 그들이 나를 찾아오기 전에 내가 먼

저 손을 내밀고 새로운 친구가 되는 법을 터득해야 한다. 시간 여유가 있을 때 "커피 한 잔 합시다"라는 전화를 주고받을 수 있는 친구를 가진 노년의 삶은 외롭지 않다.

6. 냉장고를 찾아라

과거 한국의 남편들은 대체로 집안일에 무관심하였다. 육아는 물론이고 부엌일이나 허드렛일에는 더욱 그러하였다. 어릴 때 부모님들이 남자들은 여자들의 공간인 부엌 근처에 얼씬도 못 하게 키운 영향도 적지 않다.

베이비붐 세대들도 남자가 하는 일과 여자가 하는 일이 따로 있다고 배우며 자랐다. 그러다 보니 밖에 나가면 펄펄 날던 남편들도 집에만 들어오면 갑자기 손님으로 변한다. 가족을 위해서 열심히 일을 했으니 집에서는 대접을 받는 것이 당연하다는 생각 때문이다.

그들은 부인의 집안일을 도와주지 않는다. 식사 준비를 하는 아내가 냉장고에서 반찬을 꺼내라는 부탁도 못 들은 체 한다. 부인들의 목소리가 높아져야 못 이기는 척 몸을 움직인다. 부인들은 소파에 앉아 TV만 보는 남편을 못마땅해 한다. 결국 아내가 차려놓은 식탁에서 숟가락을 들고 밥을 먹는 남편들이 미운 사람이 된다. 식사를 마친 남편들이 소매를 걷어 붙이고 고무장갑을 끼고 설거지를 한다는 것은 상상하기도 힘들다. 반찬 투정을 하지 않는 것만으로도 감사해야 한다는 말은 아내들의 속을 부글부글 끓게 만든다.

남편들의 이러한 습관은 부엌일이나 육아에만 머무르지 않는다. 자녀들 교육이 아내들의 책임이자 전유물이 된 것은 이미 오래전 일이다. 언제부터인가 은행 업무를 비롯한 각종 공과금 납부는 아내들의 몫이 되었다. 친척들의 결혼이나 축하모임도 아내들이 다 챙겨야 한다. 심지어 집안의 전등도 아내들이 교환한다. 그러다 보니 남편들은 돈을 벌어 오는 것 외에 가정에서 하는 일이 별로 없다.

집안에서 철저하게 베짱이의 삶을 살아온 남편을 당황하게 만드는 것은 따로 있다. 아내가 집을 비우는 날 집안 구석구석에 놓여 있는 가전제품을 만날 때다. 아내가 날마다 자연스럽게 사용하던 가전제품이 낯설게 느껴지는 순간 남편들은 갑자기 바보(?)가 된다.

아내가 집을 비우면 냉장고에 넣어둔 반찬을 찾아먹는 것도 쉽지 않다. 전자레인지로 식은 밥을 데울 수 있는 남편들이 많지 않다. 전기밥솥에 물은 얼마나 부어야 하는지, 취사 버튼은 어느 것인지 한참을 생각해야 한다. 베짱이 남편들이 가장 잘 할 수 있는 것은 라면을 끓이는 것이다.

밀린 빨래를 하려고 세탁기를 들여다보면 막막하기만 하다. 세탁기에는 왜 그리 많은 글자들이 적혀 있는지, 어느 버튼을 어떻게 눌러야 하는지 도통 알 수가 없다. 전용 세제와 섬유유연제를 어느 칸

166

에 얼마만큼 부어야 하는지도 알 수 없다. 평소 아내가 집안에서 할 일을 가전제품들이 대신해 준다고 생각했던 남편이 이번에는 그 가전제품 때문에 어려움을 겪게 되는 것이다. 아내가 위대하게 보일 때가 드디어 도래한 것이다.

극단적으로 말하면 남자들이 집안에 있는 가전제품의 사용법을 마스터하는 날 그는 인생 3막을 성공적으로 보낼 수 있는 능력을 갖추게 된다. 아내가 외출 했을 때 끼니를 굶지 않을 생존기술을 익혀야 진정한 은퇴자의 여유로움을 맛볼 수 있게 되기 때문이다. 따라서 **직장에서 퇴직하기 전에 아내로부터 집안에서 사용하는 가전제품의 용도와 올바른 사용방법을 배워 두는 것은 현명한 남편이 되는 첩경이다.**

아내에게 도움을 받아 집안일을 배워두면 유용하게 써 먹을 수 있다. 아내가 자기보다 컴퓨터나 휴대폰을 제대로 사용하지 못 한다고 구박하고 핀잔을 주던 무례함(?)에 대해 용서를 구하자. 가전제품 사용법을 아내에게 배우는 남편은 용기있는 남자다. 퇴직한 남편에게 아내는 최고의 가정교사다. 사랑받는 남편이 되고, 행복한 노년을 보내고 싶다면 가정살림 9단인 아내에게 배우는 지혜가 필요하다.

7. 할머니, 수퍼 우먼(super woman)이 되다

가정 주부 중에는 남편이 퇴직하면 오붓하게 노후를 보낼 희망을 가진 사람들이 간혹 있다. 그들은 남편 뒷바라지와 자녀양육에 지친 삶을 정리하고 여유롭게 살아갈 때를 기다린다. 자녀들이 모두 결혼하여 분가한 가정의 할머니들은 장롱 속 오래된 옷을 정리하고 예쁜 옷을 장만한다. 입술에 고운 립스틱을 바르고 화사한 화장을 마치면 새로운 청춘을 만끽하기 위해 거리로 나선다. 마음에 맞는 친구들과 어울려 젊은 사람들이 즐겨 찾는 커피숍에도 가고 소문난 맛집을 찾아가기도 한다. 몸은 늙어가지만 마음만은 언제나 청춘이고 싶은 할머니들의 현주소다. 이들은 스스로를 신세대 할머니라고 생각하며 살아간다.

하지만 그것도 잠시뿐이다. 할머니들의 여유로운 삶은 사랑스런 손주들이 태어나면 사라질 위험에 직면한다. 직장생활을 하는 젊은 엄마들을 대신하여 육아를 담당해야 하기 때문이다. 신세대 할머니들의 희망은 절망으로 바뀌고 우아한 노년의 꿈은 잠시 뒤로 미루어야 한다. 이때쯤이면 평생을 함께 살아온 할아버지도 할머니의 관심 대상에서 멀어진다.

　나이든 할머니가 손주를 키운다는 것은 결코 쉬운 일이 아니지만 자녀들의 형편 때문에 손주를 키워주는 경우가 많다. 맞벌이를 하거나 한부모 가정에서 아이를 키워줄 마땅한 인물을 찾지 못할 때 가장 믿을 수 있는 사람이 바로 조부모이기 때문이다.

　손주를 키우는 할머니 중에는 세 번째 육아에 나서는 경우도 간혹 있다. 첫 번째는 어릴 때 동생이나 조카를 키운 경험이다. 두 번째는 결혼해서 자기 자녀를 키운 경험이다. 세 번째는 손주를 키우는 일로서 두 번의 육아 경험은 손주양육에 많은 도움이 된다. 세 번째 육아에 나서는 할머니들은 육아전문가로 인정을 받는다. 손주를 사랑하는 마음과 육아 경험이 가득하기 때문이다. 최신 육아법에는 다소 미흡할 수 있지만 아이를 먹이고 입히는 것에는 자신이 있는 세대이다.

　할머니들의 손주 사랑을 확인하는 방법은 두 가지가 있다.

　첫째, 휴대폰 바탕화면의 사진을 보면 알 수 있다. 바탕 화면에 아이가 웃고 있거나 예쁜 모습을 하고 있는 사진은 대부분 첫손주의 사진이기 때문이다. 사람들을 만나면 손주 사진을 보여주는 것을 즐겨한다.

　둘째, 끝없는 손주 자랑이다. 할머니들은 함께 모이면 경쟁하듯이 손주 자랑을 늘어놓는다. 그들의 눈에는 자기 손주가 세상에서 제일 예쁘고, 제일 똑똑한 아이로 보이기 때문이다. 얼마 전까지만 해도 '손주 자랑을 하고 싶은 사람은 1만원을 내 놓고 하라' 고 했다. 그래도 서로 자랑을 하는 것을 멈추지 않자 요즘에는 오히려 1만 원을 주면서 집으로 가라고 한다는 우스갯소리가 있을 정도다. 아픈 몸을 이끌고서도 아이를 등에 업고 잠을 재우는 할머니의 얼굴에는 고통의 흔적보다는 기쁨의 주름살이 더 많이 생겨나는 이유는 눈에 넣어도 아프지 않을 손주에 대한 사랑 덕분이다.

손주육아에 나서는 할머니들은 손주만 돌봐주는 게 아니다. 부지런한 할머니들은 손주육아 외에도 집안 청소와 빨래와 같은 살림까지도 살아 주는 경우가 많다. 반찬까지도 직접 챙겨주기도 한다.

"어머니, 저는 직장 다니느라 부엌일에 서툴러서 반찬 만드는 솜씨가 없어요. 어머님이 만들어주신 반찬이 시장에서 사먹는 것보다 훨씬 맛이 좋아요. 식구들 모두 어머님이 만들어 주신 반찬이 최고래요."

칭찬인지 부탁인지 잘 모르는 아리송한 말 한마디에 직장생활을 하는 며느리(혹은 딸)가 애처로워 몸이 부서져라 일을 하는 것이 우리들의 할머니들이다. 일하는 젊은 엄마들의 피곤에 지친 모습이 안쓰러워 자신의 몸을 희생하고 있는 것이다. 이것이 바로 우리나라 할머니들의 진정한 사랑의 힘이다. '아줌마의 힘' 이 할머니가 되어서 '할머니의 힘' 으로 솟아나는 것이다.

이런 할머니에게 손주의 재롱과 자녀들의 감사의 인사 한 마디는 최고의 보약이다. 파김치가 되어 잠자리에 들었다가도 손주를 만나면 금세 회복이 되는 할머니는 수퍼 우먼(super woman)이다. 세상에서 엄마의 힘이 위대하다고 하지만 엄마의 엄마인 할머니의 위대함도 결코 이에 뒤지지 않는다.

8. 500시간의 비밀을 찾아라

말콤 글래드웰은 그의 저서 『아웃라이어』에서 한 분야에 뛰어난 업적을 이루기 위해서는 적어도 1만 시간 이상을 투자해야 한다고 말했다. 부모의 지원과 자신이 속한 문화로부터 물려받은 것에 더해서 개인의 부단한 노력이 있어야 성공할 수 있다고 했다.

이 시대의 조부모들 중에는 직장생활을 하는 동안 자기가 좋아하는 한 가지 분야에 1만 시간을 집중적으로 투자해 본 사람들이 많지 않다. 치열한 경쟁 속에서 살아남기 위해서는 밤낮을 가리지 않고 업무에 매달려야 했기 때문이다. 그러다 보니 자기 계발을 위한 여유시간을 가질 수 없었다. 간혹 주말에 출근하지 않고 집에 머무르는 시간에는 TV를 시청하거나 소파에서 낮잠을 자는 것이 전부였다. 자녀를 키우느라 경제적인 여유도 없었다.

55세에 퇴직하는 사람이 활동할 수 있는 기간은 얼마나 될까? 우리나라 사람들의 평균 수명이 80세인 점을 감안하면 건강상에 문제가 없는 경우에는 퇴직 후 20년 이상이 된다. 75세까지 활발하게 활동을 할 수 있다면 대략 7,300일 정도 된다. 하루에 3시간을 자신을 위해 쓸 경우 그 시간은 대략 2만 2천 시간 정도 되는 셈이다. 이 시간을 어떻게 활용하느냐에 따라 노년이 즐거울 수도 있고, 따분한 일상으로 이어질 수도 있다.

나이든 사람들의 마음속에는 두 가지 생각이 공존한다. 하나는 '이 나이에 내가 무엇을 할 수 있어' 라는 생각이다. 퇴직을 전후해서 새로운 일을 시작하기가 두려울 때에 자주 내뱉는 말이다. 또 다른 하나는 '나는 아직도 건강하고 무슨 일이든 할 수 있어' 라는 생각이다. 실제로 많은 노인들은 남은 생애 동안에 무언가 보람있고 즐거운 것을 해보고 싶어한다. 주변에서 그런 사람들을 만나는 것은 어렵지 않다.

서울의 한 할머니(86세)는 그림 전시회를 열었다. 3년 전부터 지역의 문화센터에서 배우면서 그린 작품을 전시한 것이다. 경상북도 칠곡에서는 노인들이 한글을 배운 지 1년 만에 쓴 시를 모아 시집을 출간하기도 했다. 열정이 나이를 극복한 사례들이다.

한 가지 일을 21일 동안 계속하면 습관이 된다는 말이 있다. 보통 한 달 정도 되는 시간을 잘 넘기면 그 다음은 습관적으로 그 일을 해낼 수 있다는 말이다. 즐거운 인생 3막을 보내기 위해 우선은 하루 3시간씩 6개월을 투자해 보자. 이 시간은 어림잡아 500시간 정도가 된다. 이 기간 동안 한 가지 일을 꾸준하게 반복하면 그 일은 새로운 습관으로 자리 잡게 될 것이다.

손주를 키우는 조부모의 경우에도 시간을 확보하면 가능한 일이다. 혼자서는 힘이 든다면 손주와 함께 실천해 보자. 아이가 좋아하는 주제를 선택하면 된다. 500시간을 투자해서 아이가 얻을 수 있는 것은 첫째, 좋은 습관을 형성하는 것이다. 한 가지 분야에 오랫동안 집중할 수 있는 기회는 아이의 장래에 크게 도움이 된다. 그 다음으로는 아이가 그 분야에서 자신감을 가지게 되는 점이다. 자기가 해냈다는 사실에 대해 자랑스러워함은 물론이고 조부모와 함께 그 일을 성취했다는 성취감도 느끼게 될 것이다. 조부모와 손주에게 잊을 수 없는 추억으로 남는 것은 덤이다. 어린 손주의 손을 잡고 한 가지 실행 목표를 정하고 500시간 동안 실천에 옮겨보는 것이 중요한 이유이다.

500시간을 성공적으로 집중할 수 있는 사람은 1만 시간 동안 집중할 수 있다. 자신이 좋아하는 분야에서 최고의 자리에 오를 수 있는 기초를 소유한 사람이 된다. 아이들이 한 가지 분야에 1만 시간을 집중적으로 투자할 수 있다면 그 아이는 자신의 분야에 크게 성공할 수 있을 것이다.

어린아이들은 함께 생활하는 주변 어른들의 영향을 받으면서 자란다. 어른들이 살아가는 삶의 뒷모습을 보면서 그대로 본받는 경우가 많다. **좋은 습관은 성공으로 가는 지름길로 안내한다.** "세살 버릇

여든까지 간다."라는 말은 습관의 중요성을 일컫는 말이다. 좋은 습관이나 훌륭한 개성도 어릴 때부터 몸에 익어야 한다. 그래야 나중에 훌륭한 인품을 가진 인물로 자라게 된다.

9. 할배, 외로운 기러기가 되다

1980년대에 '해외여행자유화'가 시행되자 '기러기 아빠'라는 말이 등장했다. 아내가 조기 유학을 떠나는 아이들과 함께 지내기 위해 집을 떠나면서 한국에 홀로 남아 생활하는 아버지를 이르는 말이다. 기러기 아빠는 예상치 못 한 문제를 불러오기도 했다. 자녀교육을 위해 오랫동안 부부가 떨어져 지내면서 가족이 해체되는 경우가 발생한 것이다. 아이들의 성공을 위한 조기 유학이 예상치 못 한 문제들을 불러오게 됨 셈이다.

서울에서 외손자를 키워주는 한 할머니는 주중에는 서울에서 자녀와 함께 지내면서 외손자를 키우고 주말에는 남편이 살고 있는 시골집으로 오고가는 일을 5년째 이어가고 있다. 아침에 눈을 뜨면 제일 먼저 남편에게 문안전화를 한다. 하루에도 몇 번씩 전화를 하는 경우도 있다. 그래야 마음이 놓이기 때문이다. 남편이 전화를 빨리 받지 않거나 목소리에 힘이 없으면 가슴이 철렁 내려앉는다. 자녀와 남편 양쪽을 신경 쓰느라 머리가 아플 지경이다. 그러다보니 자신의 고단함이나 아픔은 생각할 겨를도 없다. 결혼생활 30년 동안 한 번도 떨어져 지내본 적이 없는 이 부부가 주말부부로 지내면서 생겨난 풍습이다.

그래도 이 부부의 형편은 좋은 편에 속한다. 어떤 할머니는 미국에 살고 있는 며느리가 첫손자를 낳자 며느리 산후조리를 마친 후에도 손자가 첫돌이 될 때까지 키워주기 위해 미국에서 1년을 머물렀다. 둘째 손주가 태어났을 때도 아내는 남편을 한국에 남겨두고 6개월간 홀로 미국에서 며느리의 산후조리를 해 주느라 집을 비웠다. 그동안 한국에 홀로 남은 남편은 혼자서 외롭게 지내야 했다.

이들처럼 아내가 집을 비우는 동안 남편은 자신의 일을 스스로 해결해야 한다. 식사는 물론이고 집안 청소나 빨래도 남편 몫이 된다. 대화할 사람이 그리울 때는 친구들을 만나 외식을 하면서 수다를 떨어보지만 가슴 한 구석에는 허전함이 남는다. 아내를 그리워하며 살 줄은 꿈에도 생각해보지 않았던 남편들이 나이 들어서 새롭게 경험하는 웃지 못 할 풍경이다.

이처럼 할머니가 손주 양육을 위해 자녀집에 머무르는 동안 홀로 지내는 할아버지는 **'기러기 할배'**가 된다. 기러기 아빠에 빗대어 부르는 말이다. 기러기 할배들의 등장은 손주 육아가 활발해지면서 나타나는 시대적인 현상이다. 최근에 어린 아이들의 조기유학이 감소세로 돌아서면서 기러기 아빠는 줄어들고 있다. 반면 기러기 할배는 조부모의 손주 양육의 증가와 더불어 점차 늘어나고 있는 추세다.

손주 육아를 위해 집을 떠나는 할머니들은 육체적으로 피곤하고 정신적으로 힘이 든다. 맞벌이를 하는 자녀의 어려운 입장도 이해가 되지만 먼 거리를 왕복하면서 두 집 살림을 꾸려야 하는 것도 결코 쉬운 일이 아니기 때문이다. 나이든 남편의 초라하고 쓸쓸한 모습을 볼 때마다 마음속으로 미안한 생각을 떨쳐 버릴 수 없다.

할아버지들의 입장에서도 곤혹스럽기는 마찬가지다. 60대 전후로 퇴직한 이후에 뚜렷한 일거리 없이 지내는 그들에게는 30여 년 동안 함께 지내던 아내의 장기 외출이 익숙하지 않다. 그로 인해 찾아오는 갑작스러운 고독은 정신적인 고통으로 이어질 위험도 있다. 손주가 하나 둘씩 늘어나면 10년 가까이 노부부가 떨어져 살아야 하는 경우도 발생하게 된다.

10. 노인들의 주름은 영광의 상징이다

아마추어 사진작가들의 사진전시회를 다녀온 적이 있다. 다양한 직업을 가진 사람들로 구성된 동호회의 사진 전시회였다. 전시된 사진을 둘러보던 나는 한 사진 앞에서 멈추어 섰다. 주름살이 가득한 할머니 사진 앞이었다. 얼핏 보기에도 80세는 넘어 보이는 사진이었다.

이 할머니 사진이 90세가 넘으신 나의 어머니의 모습을 떠올리게 만들었다. 나의 어머니는 그 시대의 다른 어머니들처럼 갖은 고생을 하며 나를 키워 주었다. 그러나 나는 어머니 말년에 호강시켜 드리지 못 할 뿐만 아니라 자주 찾아뵙지도 못 한다. 젊은 시절 죽음을 넘나드는 몇 번의 사고로 오히려 걱정만 끼쳐드리는 못난 자식이다. 부족하고 못남을 생각할 때마다 고개를 들 수 없을 정도로 자신이 미워지고 부끄럽기 한이 없다. 70을 바라보는 나는 지금도 어머니 생각을 하면 눈물이 난다.

우리의 어머니들은 살아온 세월만큼이나 모진 풍상을 이겨낸 '억

척스런 엄마' 들이다. 할아버지들도 예외는 아니다. 그들은 오늘의 우리를 이 자리까지 올 수 있게 만든 숨은 공로자들이다. 일제의 지배와 6·25전쟁의 포화 속에서도 가정을 지켜온 그들의 사랑과 희생이 있었기에 오늘의 우리가 있는 것이다.

정도의 차이는 있지만 노인들의 얼굴에는 주름이 가득하다. 의학이 발달하고 식생활이 개선된 오늘날에도 노인들의 얼굴에 나타나는 세월의 흔적을 지울 수는 없다. 지울 필요도 없다. 노인들의 주름은 부끄러운 것이 아니다. 그들이 살아온 인생에 대한 자랑스러운 훈장이다. 깊게 패인 주름살마다 인생의 지혜가 들어 있다. 젊은 사람들이 결코 이해할 수 없는 깊은 인생의 경험과 삶의 지혜가 가득하다.

노인들의 주름진 손과 발은 자녀들을 위해 노력한 삶의 흔적이다. 손톱이 닳아 없어지도록 일하고 발바닥이 부르트도록 자식들을 위해 일한 흔적이다. 거북등처럼 갈라진 손등과 굳은살이 박힌 손바닥은 가문을 바로 세우고 자녀를 키우기 위해 애를 쓴 증거이다. 우리의 부모들은 남들처럼 많은 것을 물려받지 못 했어도 부모나 세상을 불평하거나 원망하지 않았다. 자신의 삶을 묵묵히 개척하고 행복의 열매를 맺었다. 노인들의 손과 발의 깊은 주름은 그들의 삶의 흔적인 동시에 가문의 역사를 이룬 발자취이기도 하다.

노인들의 머리와 가슴에는 가문과 사회의 역사가 기록되어 있다.

검은 머리가 파뿌리처럼 희어지고 탄탄하던 가슴은 새가슴처럼 쪼그라들었지만 그들의 머리와 가슴속에는 자녀와 가문을 향한 사랑이 가득하다. 후손들에게 좋은 것을 남기고자 하는 사랑도 가득하다.

노인들의 등은 굽어 있고 발걸음은 흔들거리는 경우가 많다. 그렇다고 그들의 생각과 행동도 흔들릴 것이라고 생각하면 착각이다. 올바른 판단을 내릴 능력이 사라졌다고 지레짐작을 하는 것은 위험하다. 오히려 노인들에게는 젊은 사람들이 따라갈 수 없는 지혜와 현명함이 있다. 가정과 이웃, 나라를 사랑하는 마음이 가득하다. 사람의 생각은 나이와 상관이 없기 때문이다.

이 시대를 살아가고 있는 대부분의 노인들은 주린 배를 움켜쥐고 어린 시절을 보냈다. 우리글 우리말을 제대로 사용하지 못 하던 시대를 산 인물들도 있다. 나라가 안정되고 사회가 발전하면서 그들의 노력이 가끔은 잊히기도 한다. 그렇다고 그들은 자신을 드러내며 인정해 달라고 목소리를 높이지도 않는다.

노인들의 바람은 건강한 노후의 삶이다. 눈을 감기 전에 자손들이 행복하게 잘 살아가는 모습을 보는 것이다. '인생 3막'을 살아가는 노인들은 좋은 인생의 결말을 위해 살아간다. 자녀와 화해하고 세상을 용서하고자 노력한다. 자녀들에게 좋은 것을 남기고 싶어할 뿐만 아니라 그들이 행복하게 살아가기를 소망하는 것이 노인들의 진심이다.

11. 손주가 보고 싶다

　어느 날 5,6명의 여성들이 모여서 재미있는 대화를 나누고 있었다. 잠시 대화가 멈추는 기미를 보이자 젊은 할머니가 휴대폰을 내밀었다. 휴대폰 바탕 화면에는 젊은 할머니의 첫손녀의 사진이 들어 있었다. 맏아들이 결혼해서 얻은 첫 번째 자식이다. 눈에 넣어도 아프지 않을 손녀였다.

　서로 돌려가며 사진을 보던 여인들은 아이가 예쁘다고 칭찬을 이어가고 있는데 할머니가 손주가 보고 싶다고 했다. 자녀들이 다른 지역에 살고 있어서 보고 싶어도 그렇지 못 하기 때문이란다. 젊은 할머니는 손녀가 태어날 때 병원에서 한 번 본 이후로 두 달이 지났지만 아이를 품에 안아보는 것은 고사하고 직접 얼굴을 본적도 없다. 그래서 며느리가 휴대폰으로 보내주는 사진을 들여다보며 손녀와 사랑의 밀어를 나누는 것으로 만족하고 있다.

　아이가 보고 싶은데 자녀들을 방문하기가 조심스럽다고 말을 하자 곁에 있던 나이든 할머니들이 목소리를 높였다.

"무얼 그렇게 망설이십니까? 내 자식인데 보고 싶으면 찾아가서 보고 오세요. 나는 손자를 보고 싶을 때는 언제든지 찾아가서 만났어요. 아이들도 자주 만나야 정이 나고 그래요."

그러자 옆에 있던 젊은 여성들이 반대의 목소리를 냈다.

"자녀들이 결혼을 하면 독립적으로 살도록 그냥 두세요. 그 사이에 아이가 태어나면 그들의 자식이에요. 할머니 마음대로 보고 싶을 때 찾아가시면 안 돼요. 불쑥 찾아가시면 젊은 엄마가 얼마나 불편하겠어요? 어르신들도 아이를 키우실 때 시어머니가 찾아오시는 것이 불편하지 않으셨어요? 젊은 사람들에게는 자신들의 독립된 삶이 필요한 거예요. 젊은 사람들을 이해해 주세요."

그들의 대화는 한참동안 이어졌으나 명확한 결론을 내리지 못하고 끝이 났다. 양측 모두 나름대로의 이유가 있는 말이었다. 시어머니와 며느리의 입장을 대변하는 것처럼 보이는 이들의 대화 속에서 우리는 세대차이를 느낄 수 있다. 그들의 나이 차이는 대략 15세 정도였다.

집으로 돌아온 젊은 할머니는 남편에게 낮에 일어났던 일을 꺼냈다. 자기의 후손인 손주를 찾아가는 것도 아이 엄마의 허락을 받아야 한다는 젊은 엄마들의 주장을 이해할 수 없다고 말했다. 자초지종을 다들은 남편은 껄껄 웃으며 아내를 위로해 주었다.

"여보, 아이 백일 때 선물을 사들고 손녀를 찾아갑시다. 지금은 며느리가 보내주는 동영상과 사진으로 손녀를 만나는 것으로 만족하며 지냅시다."

12. 조부모에게도 고민이 있어요

대전에 사는 L씨는 베이비붐 세대이다. 그는 정년퇴직 후 4년째 아파트 경비원으로 일하고 있다. 결혼한 두 자녀가 있지만 자녀들에게 용돈을 받을 형편이 못 되고, 그럴 마음도 없다. 넉넉하지는 않지만 연금과 월급으로 생활하는 그는 건강이 허락하는 한 일을 계속하고 싶어 한다.

베이비붐 세대가 정년퇴직 후에도 일하는 것은 그만큼 퇴직자의 삶이 어렵다는 말이다. 자녀들로부터 지원을 받을 수 없는 경우에는 일자리를 찾는 것은 필수다. 그러다보니 젊은이들이 기피하는 직종에 취업을 하는 경우도 적지 않다. 아쉽게도 노인들의 일자리는 많지 않고, 경쟁은 치열하다.

우리나라의 베이비붐 세대는 젊을 때 열심히 일했다. 그들은 빈곤의 늪에서 벗어나기 위해 배고픔을 참아가며 돈을 벌고 저축을 했다. 그 덕분에 살집을 마련하고 자녀들을 교육시킬 수 있었다. 빚을 내서라도 아이를 학원에 보내고 집을 팔아서 대학에 보낼 정도로 자녀교육에 적극적이었다.

자녀들이 대학을 졸업한 후에도 베이비붐 세대들에게는 현실적인 고민이 있다.

첫째, 노후자금의 부족이다. 베이비붐 세대는 수입의 상당부분을 자녀교육에 투자했다. 그러다보니 정작 자신들의 노후를 위한 자금은 충분하게 준비하지 못했다. 퇴직자 10명 중 3명이 부부 최저생계비에도 못 미치는 수입으로 살아간다는 통계가 이를 대변해 준다. 공무원 연금을 비롯한 몇몇 연금을 제외하면 연금만으로 노부부가 살아가기에는 어려운 것이 현실이다. 평균수명이 과거에 비해 크게 늘어난 현대에서 노인들의 생활비와 의료비의 증가는 퇴직자들에게 어려움을 가중시킨다. 노인들의 노후 생활비는 개인의 문제인 동시에 사회문제이기도 하다

둘째, 자녀들의 결혼이다. 요즘 젊은 사람들의 결혼 전제조건은 안정적인 직장에 다니느냐이다. 공무원이나 교사들이 배우자로서 인기가 있다.

대학을 졸업한 자녀들이 원하는 직업을 구하는 것이 어렵게 되자 부모들은 취업 준비 중인 자녀를 지원해 주어야 할 형편이다. 부모들은 자신들의 노후생활비를 쪼개서라도 자녀들을 지원하고 싶지만

그럴 수도 없는 것이 현실이다.

힘들게 공부해서 대학을 졸업했지만 원하는 직장에 취업하지 못하면 그들은 결혼을 미루거나 포기하게 된다. 그러다보니 우리나라의 출산율은 OECD국가 중에서 최하위 그룹에 속하고 있다. 아기 울음소리가 희미하게 들리는 것은 그만큼 젊은 사람들의 결혼이 줄어들고 있다는 증거다. 내 주변에는 30대 중후반의 자녀들이 결혼을 하지 않아서 손주를 얻지 못 하는 은퇴자들이 많이 있다.

셋째, 연로하신 부모님을 모시는 것이다. 베이비 부머들은 부모를 모시는 것이 효도요 자식의 참된 도리라고 배웠다. 그러나 현실은 자녀를 키우고 교육시키느라 재정적으로 여유가 없어 부모를 모시고 사는 것은 고사하고 자주 방문하는 것도 쉽지 않다. 젊어서는 도시로 나가 직장생활을 하느라 시간이 없었고, 지금은 시간뿐만 아니라 경제적으로도 넉넉지 못해 부모를 모시지 못 하고 있다. 본의 아니게 불효자가 되어 슬픈 사모곡을 가슴에 안고 살아가는 것이다.

오늘날 대한민국의 베이비붐 세대는 열심히 일해서 우리나라 경제발전의 중심이 된 세대다. 그러나 퇴직한 그들은 자신들의 노후문제를 비롯해 자녀들에 대한 지원과 노부모 봉양이라는 틈바구니 속에서 힘들어 한다. 어떤 사람들은 이들을 향해 '낀 세대'라고 부르기도 한다. 또 어떤 사람들은 '베이비붐 세대는 부모에게 효도하는 마지막 세대요, 자녀로부터 도움을 받지 못하는 첫 번째 세대다.' 라고 부르기도 한다.

5장
—
성공적인 손주양육을 위한 조건

1. TV를 멀리하면 아이가 보인다

현대인들은 '정보의 홍수 시대'에 살고 있다. 신문이나 잡지 외에도 TV, 스마트폰, 인터넷 등이 수많은 정보를 실어나르기 때문이다. 과학기술의 발달로 인해 정보에 대한 접근이 쉬워진 것이 가장 큰 이유이다. 그러다보니 넘쳐나는 정보 속에서 어떤 정보가 진실이고 거짓인지 분별하는 것도 쉽지 않다.

TV 시청의 양면성

우리 집에서는 아이가 태어나면 2년 동안은 TV 시청을 금하고 있다. 어른들이 좋아하는 뉴스는 물론이고 아이들을 위한 만화 프로그램도 시청하지 않는다. TV를 '바보상자'라고 부르는 사람들의 혹평 때문이 아니다. 생후 2년까지는 TV 시청이 아이의 언어발달에 해롭다는 생각 때문이다.

손녀가 일곱 살이 되던 해 우리 집에서는 제한적인 TV 시청이 허락되었다. 가족이 함께 보는 프로그램은 EBS 영어교육방송을 비롯해서 요리프로그램과 몇 몇 오락프로그램 등이다.

TV는 활용하기에 따라 유익한 것을 많이 얻을 수 있는 매체이다. 아이들의 TV 시청은 긍정적인 면과 부정적인 면이 동시에 존재한다고 알려져 있다.

첫째, 부정적인 입장은 TV 시청이 아이에게 나쁜 영향을 주기 때문에 어릴 때는 TV를 보여 주지 말아야 한다는 것이다. 흉악한 범죄나 사회의 부정적인 면을 보도하는 뉴스나 소위 막장 드라마와 같은 프로그램은 아이들에게 좋지 못한 영향을 줄 수도 있기 때문이다. 공부에 방해가 된다는 생각을 하는 사람들도 적지 않다.

집에 TV가 없이 지내는 사람들도 있다. 그러나 집에 TV가 없다고 아이들이 TV에 나오는 내용을 전혀 모르는 것은 아니다. 자기 집에서는 TV 시청이 불가능하지만 TV 시청을 허락하는 친구 집에 가면, 보고 싶은 프로그램을 볼 수 있기 때문이다.

둘째, 긍정적인 입장은 TV 시청을 하면 아이들이 많은 것을 배운다는 생각이다. 실제로 교육방송이나 많은 프로그램에서는 아이들뿐만 아니라 어른들에게도 유익한 내용을 담고 있는 경우가 있다. 어른들은 어린이용 만화를 비롯한 교육방송은 물론이고 오락 프로그램과 드라마의 시청도 허락한다. 아이들은 방송에 나오는 유행어를 곧잘 사용하고 흉내까지 내면서 즐거워한다. 어른들은 아이들의 그런 행동을 자제시키기보다는 칭찬해 주기도 한다.

 TV 시청을 허락하는 어른들에게도 고민은 있다. 케이블TV방송이 활성화되면서 가족들이 모여서 함께 시청하기에는 부적절한 프로그램들이 많아졌기 때문이다. 어린 아이들이 폭력적이거나 선정적인 프로그램에 무방비로 노출되는 것은 어른들의 심각한 고민거리가 되고 있다.

 따라서 TV 시청에서 문제가 되는 것은 시청하는 자체가 아니라 프로그램의 내용이나 시청 시간이 문제다. 과도한 TV 시청은 가족 간에 대화를 단절시킬 수 있다. 아이들의 사고영역이 좁아지게 만들 위험도 있다. 좋아하는 프로그램을 시청하는 동안에는 온 식구가 프로그램의 내용에 몰입하게 되어 한 자리에 앉아 있지만 서로를 전혀 의식하지 않는 분위기가 조성되기도 한다. 뿐만 아니라 TV에서 제공하는 일방적인 정보를 아무런 비판 없이 그대로 수용해 버릴 가능성도 있다. 가족간의 대화 내용도 주로 TV 프로그램 중심으로 흐를 위험도 있다.

 어른들의 편의에 따라 아이들에게 TV 시청을 허락하는 것은 위험한 일이다. 가능하다면 아이들에게 TV 시청시간과 시청가능 프로그램을 정해주어야 한다. 그러기 위해서는 어른들이 먼저 모범을 보이는 것이 필요하다.

 어느 정도의 TV 시청을 허용할 것인가는 순전히 부모들의 판단에 맡길 수밖에 없다. 그러나 한 가지 분명한 사실은 어린 아이들의 지나친 TV 시청은 그들에게 좋지 않은 영향을 끼친다는 것이다.

명작동화 '백설공주' 는 어떤 영향을 미치는가?

아이들이 즐겨 읽는 명작동화도 예외는 아니다. 처음부터 아이들을 위해 쓰여진 동화는 별문제가 없다. 그러나 민간에 전해지던 이야기를 정리한 것이 명작동화로 읽혀지는 것들에는 아이들에게 적절하지 못한 내용이 들어 있는 경우가 적지 않기 때문이다.

백설공주의 이야기를 보면 어른들에게는 재미를 제공하지만 아이들에게는 좋지 못 한 부분이 들어 있다.

첫째는 백설공주의 새엄마가 자기보다 예쁜 백설공주를 성 밖으로 쫓아내는 장면이다. 자기보다 얼굴이 예쁘거나 가진 것이 많은 친구나 이웃을 시기하고 질투할 뿐만 아니라 괴롭히는 모습을 보여주고 있다.

둘째는 왕궁에서 쫓겨난 백설공주를 찾아가서 죽이려고 하는 장면이다. 어린 소녀를 왕궁에서 쫓아내는 것에 만족하지 않고 죽이려는 것은 목적을 위해서는 수단과 방법을 가리지 않아도 된다는 착각을 하게 만든다.

셋째는 새엄마에 대한 잘못된 인식을 심어주는 점이다. 낳아준 엄마 대신에 들어온 새엄마에 대한 편견을 불러올 수 있을 뿐만 아니라 공포심을 유발할 수 있다. 서로 사랑하는 가족이 아니라 미워하고 시기하는 불행한 가정을 보여주고 있다.

인터넷과 스마트폰 그리고 아이들

어느 날 시내에서 자동차 운전을 하다가 교통신호를 기다리는 중에 위험한 상황을 목격하였다. 한 여성이 왕복 8차선 도로의 횡단보도 위를 오른손으로는 유모차를 밀면서 왼손은 휴대폰 자판을 두드리며 걸어가고 있었다. 휴대폰을 만지느라 신호 대기 중인 자동차에는 관심도 없고 보행신호에도 전혀 관심을 보이지 않고 걸었다. 길을 걸으면서 휴대폰을 들여다보는 사람들을 보는 것은 흔하지만 유모차에 아이를 태우고 가면서 휴대폰에 정신이 팔린 아이 엄마를 보는 것은 처음이었다. 오늘날 스마트폰 시대가 열리면서 나타나는 풍경이다. 이처럼 요즘에는 길을 걸으면서도 스마트폰으로 TV 뉴스를 시청하거나 스포츠 경기를 즐기는 모습이 낯설지 않다. 버스나 지하철을 타면 거의 대부분의 승객들이 스마트폰을 들여다보거나 음악을 듣는 광경을 목격할 수 있다.

대중에게 사랑받고 있는 인터넷에도 심각한 문제가 있다. 인터넷은 아무런 제약을 받지 않고 아이들에게 많은 정보를 노출하고 있기 때문이다. 인터넷을 열어보면 각종 기사가 실려 있다. 광고들도 넘쳐난다. 심지어 포털 사이트나 신문사 홈페이지에서 기사를 읽는 중에도 화면 상하좌우에는 어린 아이들과 함께 보기에는 민망한 사진과 글들이 난무하는 실정이다. 인터넷을 통해 무방비로 노출되는 '19금(禁)' 수준의 영상과 글들의 위험이 날로 심각해지고 있다.

그렇다고 아이들을 인터넷으로부터 분리한다는 것은 불가능한 일이다. 집안에 설치한 TV는 어른들이 어느 정도 통제가 가능하지만 인터넷 사용이 가능한 스마트폰은 아이들 손에 한 번 들려지면 통제가 거의 불가능해진다. 스스로 절제를 하기 전에는 어른들의 지도 범위를 벗어난다는 말이다.

휴대폰이나 인터넷과 같은 첨단 IT 기술은 잘 활용하면 사람들에게 유익한 수단이 될 수 있다. 현실적으로 살아가는 데 많은 편의를 제공하고 있다. 길 찾기를 비롯해서 각종 정보를 검색하거나 자료를 얻는 데는 가장 빠르고 편리하며 값싼 수단이 되고 있다. 그러나 잘못된 방향으로 활용하기 시작하면 그에 대한 대가는 매우 비싸다.

첨단기기와 부모

자녀를 키울 때 TV나 스마트폰, 인터넷과 같이 아이들의 관심을 끌 수 있는 첨단기기를 활용하는 것이 때로는 편리하다. 엄마가 부엌에서 일하는 동안 혹은 어른들이 외출을 하는 동안 아이에게 좋은 TV 프로그램을 시청하도록 하는 것이 그 당시에는 좋은 방법일 수 있다. 첨단기기들이 베이비시터를 대신하면 어른들이 편할 수도 있다. 그러나 그러한 일이 반복되다 보면 그러한 기기들이 부모를 대신하게 될 것이다. TV나 스마트폰과 같은 첨단 기기들의 가장 큰 결함은 엄마의 따스한 체온을 대신할 수 없다는 점이다. 아이가 잘 했을 때 칭찬해주지도 못 한다. 잘못했을 때 바로 잡아 주지도 못한다. 오직 자기가 전하고 싶은 것만 전할 뿐이다.

어린 청소년들에게 휴대폰이나 인터넷에 연결할 수 있는 IT기기는 호기심을 넘어 필수품으로 자리를 잡았다. 한시라도 눈에 보이지 않으면 불안함을 느낄 정도가 되었다. 거의 중독 수준에 다다랐다고 보아야 한다. 그들은 사회관계망 서비스(Social Network Service, SNS)를 통해 친구와 대화하고 인간관계를 유지한다. 전문가들은 과도한 SNS 사용과 지나치게 많은 정보는 뇌 기능을 저하시키는 주범이라고까지 경고하고 있다.

따라서 TV와 스마트폰, 인터넷의 건전한 활용법을 어릴 때부터 잘 가르쳐야 한다. 그러기 위해서는 먼저 어른들이 자제력을 발휘해야 한다. 아이들에게는 사용하지 말라고 하면서 어른들이 아이들 앞에서 즐기는 모습을 보이면 아이들의 호기심을 자극하게 된다. 심한 경우에는 매니아(mania) 차원을 넘어 중독자가 될 수 있기 때문이다.

2. 조부모의 흔적, 가문의 역사가 된다

우리나라와 일본은 '위안부' 문제로 대립 상태에 있다. 일제 강점기(日帝强占期)에 강제로 군대 위안부로 끌려갔던 여인들의 문제다. 일본은 자신들이 일으킨 '태평양전쟁'에 우리나라의 꽃다운 처녀들을 강제로 전장에 끌고 가서 인간에게 할 수 없는 못된 짓을 저질렀다. 그 중에는 중국과 인도네시아, 태국, 필리핀 여성들도 많이 있었다. 그럼에도 불구하고 전후 70년이 지난 오늘까지도 그들은 자기들의 잘못을 인정하지 않고 있다. 오히려 일본의 아베 수상은 일제시대에 군대 위안부는 없었다고 틈난 나면 부정하고 있다. 그것은 손바닥으로 하늘을 가리는 기만에 불과하다.

일본 정부와 달리 독일 정부는 제2차 세계대전 당시 그들의 조상이 이웃 나라들 특히 유대인에게 저지른 끔찍한 잘못에 대해 여러 번 사죄와 용서를 구했다. 일본 정부는 조상들의 잘못을 시인하기는커녕 그런 일이 없었다는 궤변을 늘어놓고 있다. 자신들이 저지른 잘못을 솔직하게 고백하고 피해 여성들에게 용서를 구하는 것이 문제

해결 방법이지만 아쉽게도 가까운 시일 안에 문제가 해결될 가능성은 없어 보인다. 그들은 히로시마와 나가사끼 원폭 피해자라는 점을 부각시키면서도 정작 자기네 조상들이 이웃 나라들에게 저지른 죄악에 대해서는 뻔뻔할 정도로 무시하거나 거짓말로 대응하고 있는 것이다. 정말 뻔뻔스러운 태도이다.

위안부로 끌려갔던 여성들이 일본으로부터 제대로 된 사과나 배상을 받지 못하는 것은 그 당시의 정확한 기록이 없기 때문이다. 그들은 그 당시의 상황을 기록하지도 못했다. 피해를 당한 여성들이 자신들의 수치스런 과거를 차마 입밖으로 꺼내지 못 하고 가슴속에 묻어 두고 지낼 수밖에 없었다. 가해자가 역사적인 사실을 부정하는 동안 피해자들은 수십 년 동안 죄인처럼 숨어 살았다. 몇 년 전까지만 해도 그들의 아픈 역사에 관심을 가지는 사람들도 많지 않았다.

그들은 혹독한 시집살이를 한 사람들이 많다. 그들이 담담하게 펼쳐놓는 고생담은 듣는 사람들의 눈물샘을 자극한다. 할머니들 중에는 자신들이 고생한 것을 글로 쓰면 책 여러 권이 될 것이라고 말하는 사람도 있다. 그러나 할머니들의 고생보따리는 세상에 잘 알려지지 않는다. 할머니들이 들려주는 이야기는 그 자리에 참석한 사람들만 들을 수 있기 때문이다. 그나마 대문을 나서면 이야기는 허공으로 날아가 버린다. 세월이 지나면 그들의 이야기와 경험담은 역사의 뒤안길로 영원히 사라져 버리게 된다. 이것이 바로 조부모들의 일생을 글로 남겨야 하는 이유이다.

　가난하지만 성실하게 살면서 경험한 인생 이야기를 글로 남기는 것은 매우 귀한 일이다. 평범한 시민들의 크고 작은 이야기가 모이면 문화가 되고 전통이 되어 위대한 국가를 만드는 기초가 될 수 있다.

　한글점자인 '훈맹정음(訓盲正音)'을 창제한 박두성 교장 선생의 딸 박정희 할머니는 『박정희 할머니의 행복한 육아일기』라는 책을 출간했다. 박정희 할머니가 1남 4녀를 키우면서 기록한 것이다. 그 책에는 일제의 압박을 피해가며 시각장애인을 위해 부녀가 힘을 모아 한글점자를 만든 이야기도 기록되어 있다. 8살이었던 저자가 아버지를 도와 점자책을 찍어내면서 흘렸던 땀이 스며 있는 기록이다. 이처럼 개인이 남긴 기록도 귀한 역사가 된다.

　자신이 살아온 삶을 정리하는 것은 일종의 자서전 쓰기와 같다. 자신이 살아오면서 경험한 사건들이나 가족관계 등 자신이 알고 있는 것들을 기록하면 좋다. 사회적으로 중요한 사고나 사건 등에 대한 것도 괜찮다. 세월이 지나고 나서 후손들에게 도움이 될 만한 것들이면 더욱 좋다. 자랑스러운 것도 좋지만 부끄러운 것도 후손들에게는 교훈이 될 수 있다.

　조부모들이 자신의 삶을 뒤돌아보면서 기록으로 남길 것 중에는 다음의 일곱 가지 외에도 많은 것들을 포함할 수 있다.

하나, 어린 시절을 어떻게 보냈는가?

둘, 어린 시절의 꿈은 무엇이었는가. 그 꿈을 이루기 위해 어떤 노력을 하였는가.

셋, 잊을 수 없는 사건들은 어떤 것들이 있었는가.

넷, 잊지 못할 추억은 어떤 것이 있는가.

다섯, 어린 시절로 돌아갈 수 있다면 꼭 해보고 싶은 것이 무엇인가.

여섯, 죽기 전에 꼭 해보고 싶은 것은 무엇인가.

일곱, 후손에게 꼭 부탁하고 싶은 것은 무엇인가.

자서전 형태로 남기기가 부담스럽다면 자신이 경험한 개인의 일을 간략하게 적어보는 것도 좋다. 가족들의 이야기와 주변 인물들에 대한 이야기도 포함하면 된다. 글로 쓰기가 어려우면 녹음기나 비디오카메라를 사용해서 기록해도 된다. 조부모들이 살아온 긴 세월에 대한 기록은 후손들에게 생생하게 전해지게 될 것이다.

3. 유언장에 무엇을 남길 것인가?

'호랑이는 죽어서 가죽을 남기고, 사람은 죽어서 이름을 남긴다.' 라는 격언이 있다. 그래서 그런지 사람들은 후대에 좋은 이름을 남기기 위해 많이 노력한다. 어떤 사람들은 대를 이을 후손을 남기는 것을 중요하게 생각한다. 어떤 사람들은 후손들에게 많은 재산을 물려주거나 좋은 전통을 남기고 싶어한다.

재산이 많은 사람들은 자신의 재산이 잘 전달되기를 원한다. 그래서 사람들은 죽기 전에 재산분할과 관련한 유언장 작성에 관심을 가진다. 유언에 따라 후손에게 돌아갈 유산이 정해지기 때문이다. 유언의 사전적 의미는 '죽음에 이르러 남기는 말' 이다. 사람들이 세상을 떠나기 전에 후손들에게 하고 싶은 것을 글이나 녹음 등 다양한 형태로 남기는 것이다. 죽은 자의 유언이 산 자의 권력을 이기는 경우도 있다. 유언의 위력은 대단하다.

유산(遺産)은 '죽은 사람이 남겨 놓은 재산' 이라는 뜻 외에 '후대에 남긴 가치 있는 문화나 전통' 이라는 의미도 있다. 재산이 많은 가문일수록 후손들은 자신에게 돌아올 재산, 즉 유산에 대해 관심을 더 많이 갖는다. 유언과 유산 때문에 후손들 간에 볼썽사나운 모습을 보이는 경우도 더러 있다. 그것은 자녀들이 부모가 남긴 유산 중 '가치있는 문화나 전통' 이 아니라 '죽은 사람이 남겨 놓은 재산' 에 더 많은 관심을 가지고 있기 때문이다. 후손들이 부모의 재산에만 매몰되는 동안 정작 부모가 들려주고자 하는 마음에서 우러나오는 유언은 허공에 맴도는 처지에 놓이게 된다.

유언과 관련하여 재미있는 우화가 전해지고 있다. 무더운 여름에 비가 오기 전에 울어대는 청개구리 이야기이다. 엄마의 말을 잘 듣지 않은 어린 청개구리가 있었다. 엄마가 동쪽으로 가라하면 서쪽으로 가고 서쪽으로 가라고 하면 동쪽으로 가는 등 언제나 엄마의 말에 반대로 행동하였다. 그러다가 어미 청개구리가 죽을 때가 되어 어린 청개구리를 불러 앉히고 "내가 죽거든 마른 땅이 아니라 개울가에 묻어다오."라는 유언을 남기고 죽었다. 슬픔에 잠긴 어린 청개구리는 그 동안 어머니 속을 썩였던 것을 후회하고 어머니의 유언을 따르기로 결심하였다. 그는 어머니의 무덤을 개울가에 만들었다. 그래서 청개구리는 비가 올 때면 언제든지 어미의 무덤이 떠내려 갈까봐 '개골개골' 하고 큰 소리로 울어댄다는 이야기다. 사실 어미 청개구리는 자기가 시키는 대로 하지 않고 항상 반대로 행동하는 아들의 심리를 역이용하려던 것이었는데 말이다.

일반적으로 유언장은 죽음을 앞둔 사람들이 작성하는 것이라는 관념을 가지고 있다. 그래서 아직도 건강한 조부모들에게 유언장을 작성해 보라고 하면 불쾌해 한다. 무언가 찜찜하다는 이유에서다. 유언장을 쓴다고 해서 내일 당장 삶이 끝나는 것은 아니다. 오히려 건강하고 기억이 또렷할 때 유언장을 작성하면 자신에게 유익할 수도 있다.

그렇다면 유언장에는 어떤 것을 기록하는 것이 좋을까?

첫째, 자신의 삶을 돌아보는 내용을 적어야 한다.

방황하던 삶의 궤적을 담을 수도 있다. 차마 본인 입으로는 표현하지 못했던 어두운 과거에 대한 참회의 이야기도 괜찮다. 그 속에는 통렬한 자기반성도 포함된다. 누군가에게 당장 보여줄 유언장이 아니기에 좀 더 솔직한 이야기를 담는 것도 좋다. 가족간의 갈등이 해결되고 오해가 풀리는 기회가 될 수도 있다.

둘째, 자녀들에게 남기고 싶은 부탁의 말을 적어야 한다.

평소 가족들에게 말하지 못한 미안한 마음이 담길 수도 있다. 자녀들에 대한 자신의 생각도 좋다. 자녀들이 이 유언장을 보게 되면 부모의 마음을 이해하게 될 것이다. 부모로서 혹은 조부모로서 후손들에게 부탁하고 싶은 것을 적어야 한다. 가문의 전통일 수도 있고 평범한 부탁일 수도 있다. 자녀들이 살아가는 데 도움이 될 만한 내용이면 더욱 좋다.

셋째, 자신의 미래계획을 적어야 한다.

이 대목에 이르면 우리는 잠시 주춤하게 된다. 자신이 앞으로 몇 년을 더 살 수 있을지에 대한 확신이 없기 때문이다. 그러나 보통 60세 전후로 조부모가 된다고 가정하면 평균 수명이 80세 정도이니까 앞으로 20년에서 30년 정도를 더 살 수 있다. 직장에서 은퇴하고 인생 3막의 초입에 들어서면서 과거를 회상하고 미래를 계획하는 기회가 된다.

따라서 유언장에는 앞으로 남은 세월을 어떻게 살 것인가에 대해 기록하는 것도 괜찮다. 그 이유를 설명하는 것도 좋다. 10년 단위로 유언장을 새롭게 써 보도록 하자. 어떤 것을 성공하고 어떤 것을 실패했는지가 드러난다. 이렇게 함으로써 남은 생애를 보람있게 보낼 방법을 찾을 수 있다.

이처럼 **인생 3막이 시작되기 전에 자신의 유언장을 작성하는 것은 자신의 삶을 재정립하는 기회가 된다.** 우리가 일기를 쓰면서 자신의 생각을 가감없이 기록하듯이 유언장에도 자신의 솔직한 심정을 남기는 것은 자신을 돌아보게 만들어 준다.

4. 할아버지, 가정 지킴이가 되자

이 세상에는 수십 억 명의 사람들이 각자 자기만의 독특한 삶의 방식을 가지고 살아간다. 그 속에는 크고 작은 사건과 갈등이 끊임 없이 일어난다. 한 지붕 아래에서 생활하는 가족 간에도 갈등은 존재한다. 멀리 떨어진 가족 간에도 갈등은 일어난다. 확대가족 사이에도 어려움은 항상 발생한다. 시어머니와 며느리, 장모와 사위 사이에도 끊임없이 문제가 일어난다. 인간이 모인 곳에는 언제나 크고 작은 갈등이 존재한다.

<u>시어머니와 며느리의 갈등에는 시아버지의 중재가 효과적일 수 있다.</u>
대전에 사는 L씨는 명절이 다가오면 머리가 아프다. 결혼 초 명절을 맞이하여 시댁에 갔다가 일어난 일이 떠오르기 때문이다. 점심식사를 마친 후 이웃 도시에 사는 친정 부모님 댁을 방문하겠다고 이야기를 했다가 시어머니에게 한 마디 들었다. 이튿날 시누이가 친정을 방문하는데 점심을 차려 주고 가라는 것이었다. 시어머니 입장에서

는 자기 딸이 친정에 와서 편하게 쉬고 대접 받기를 원하는 마음이었지만 친정에 가고 싶어하는 며느리의 마음을 제대로 헤아리지 못 하여서 생긴 일이다.

가족 간에 발생하는 갈등 중에는 시어머니와 며느리 사이의 갈등이 대표적이다. 시어머니와 며느리의 활동공간과 역할이 겹치면서 생기는 갈등이 주류를 이룬다. 식사문제나 집안 정리, 자녀양육법 등의 차이로 인한 갈등이다. 그 속에는 힘들게 키운 아들을 며느리에게 빼앗긴다는 섭섭함도 포함되어 있다. 이런 갈등은 한국에서만 나타나는 것이 아니다. 정도의 차이는 있지만 세계적으로 일어나는 갈등이다.

요즘은 시어머니의 잔소리가 줄어들고 있다. 젊은 부부들이 핵가족을 이루며 독립해서 살기 때문이다. 젊은 여성들의 사회진출의 영향도 무시할 수 없다.

시어머니와 며느리의 갈등을 해소하는 데는 시아버지의 역할이 중요하다. 아들이 잘못 나섰다간 괜한 오해를 받아 갈등의 골이 깊어질 수 있기 때문이다. 시아버지는 며느리를 사랑하는 사람이기도 하지만 시어머니와 오랜 세월을 함께 한 남편이다. 양쪽의 의견을 청취하고 갈등을 조정할 수 있는 해결사로 가장 적합한 인물이다.

고부간에 갈등이 발생했을 때 시누이의 역할도 중요하다. 갈등을 증폭시킬 것이 아니라 가정의 평화를 위해 친정어머니와 올케 사이에서 해결사 역할을 해야 한다. 친정어머니와 함께 며느리 흉을 보기 시작하면 갈등의 골은 깊어진다.

결혼한 시누이와 며느리간의 갈등을 지혜롭게 예방한 가문이 있다. 상해 임시정부 초대 국무령을 지낸 석주 이상용 선생 집안이다. 안동에서 수백 년을 양반으로 살았던 이 가문에서는 시집간 시누이들이 며느리에 대해 참견하지 말라고 교육시켰다. 말로 인해 가정의 평화를 깨는 어리석음을 범하지 말라는 뜻이다. **가정의 평화를 누리기 위해서는 시어머니와 며느리는 서로의 인격을 존중해 주는 자세가 필요하다.** 상대의 가정환경, 배움의 양, 경제력 유무를 떠나서 서로를 이해하고 사랑하는 마음을 가져야 한다.

장모-사위간 갈등에도 할아버지가 해결사다.

과거에는 '사위는 백년손님' 이라고 귀하게 대접을 했다. 사위가 처가에 오면 장모가 씨암탉을 잡아 줄 정도였지만 그것은 이미 옛말이 되었다. 예전의 장모들은 사위가 자기 딸을 고생시키지 않는 것에 만족했으나 현대의 장모들은 그렇지 않다. 귀하게 키운 딸을 시집보낸 장모는 사위에게 기대하는 것이 많다. 그러다 보니 딸 뿐만 아니라 사위에게도 적극적으로 자신의 생각을 표현한다. 자신의 기대에 미치지 못 하는 사위에게 잔소리를 한다. 시어머니가 며느리에게 하는 잔소리와 비슷한 수준에 이르는 경우도 있다. 예전에 며느리가 시어머니에게 들었던 잔소리가 이제는 사위가 장모로부터 듣는 시대로 옮겨간 듯한 착각이 들 정도다. 이로 인해 젊은 부부 사이에 문제가 생기는 경우도 적지 않다. 핵가족시대의 장모는 어느새 권력자가 되어 '장모가 백년손님'으로 변해가고 있는 것이다.

젊은 부부 사이에 친정 엄마가 개입하면 일이 복잡하게 얽히게 된다. 지나친 관심 표명은 젊은 부부의 올바른 판단을 그르칠 위험이 있다. **현명한 아내는 문제를 일으키는 장본인이 아니라 친정어머니와 남편간의 갈등을 해결하는 해결사이다.**

이제는 사위 사랑은 장모라는 사고방식을 벗어나서 '사위 사랑은 장인'이 되어야 할 때가 되었다. 장모와 사위 사이에 일어나는 갈등을 중재하는 데도 장인의 역할이 중요하다. 갈등의 한쪽이 자기와 함께 살아가는 아내이기 때문이다.

모녀간 갈등은 두 사람만 아는 비밀이다.

겉으로는 친구처럼 보이는 모녀간에도 갈등의 순간은 다가온다. 모녀간에는 비밀이 없으면서도 비밀이 많은 관계다. 아버지와의 친밀함과 엄마와의 친밀함에는 차이가 난다. 결혼한 딸과 친정엄마 사이에는 공유하는 것들이 많다. 젊은 엄마들은 임신, 출산, 육아에 대해 경험이 부족하기 때문에 친정엄마의 도움이 필요하다. 요리를 비롯한 살림살이에도 친정엄마의 경험은 많은 도움이 된다. 여성으로서 두 사람은 세상에서 가장 친밀한 사이가 되는 것이다.

이처럼 친밀한 두 사람 사이에도 갈등이 생기고 다툼이 일어난다. 그것은 시기와 질투 때문이 아니다. 서로가 상대에 대해 너무 잘 알기 때문에 일어나는 것일 뿐이다. 엄마의 입장에서는 사랑의 표현이다. 엄마들은 자신의 부족한 부분을 그대로 답습하는 딸의 삶을 고쳐주기 위한 의사 표시라고 생각한다. 딸의 입장에서는 고생하는 엄마의 삶에 대한 연민의 정이기도 하다.

모녀간의 대화는 남자들이 이해하기 쉽지 않다. 두 사람이 왜 그렇게 친해 보이는지도 알지 못 한다. 두 사람이 만나면 왜 다투고 소리를 지르는지도 알지 못 한다. 더욱 이해할 수 없는 것은 두 사람이 싸움 후에 빛보다 빠르게 화해하는 속도 때문이다. 그들이 다투는 이유와 해결방법은 오직 두 사람만 알고 있는 공공연한 비밀이다. 며느리를 구박할 때는 힘을 모으지만 두 사람만 있으면 날선 언어를 교환하는 것이 모녀지간이다.

"제발 너도 시집가서 꼭 너 같은 딸을 낳아서 고생해 봐라." 이 말은 보통 엄마들이 말을 잘 듣지 않는 딸에게 해 주는 말이다. 오죽했으면 엄마들이 자기가 낳은 딸에게 이런 심한 말을 하겠는가 생각하게 만든다. 이처럼 모녀간의 갈등은 결혼 전부터 이어져 오던 것이다. 사람이 결혼한다고 해서 성격이나 삶의 방식이 갑작스럽게 변하지 않는다.

친정어머니는 딸이 결혼해서 한 남자의 아내가 되었다는 사실을 잊어버릴 때가 많다. 심지어 자녀를 둔 아이 엄마이자 한 가정의 주부라는 사실조차도 잊어버린다. 그러다 보니 친정엄마는 시집간 딸을 마치 소녀 시절의 딸을 대하듯 모든 일에 간섭하고 지시하게 된다. 그러면서도 자기가 무슨 일을 하고 있는지 알지 못 하고 있다. 이 경우에도 두 사람 사이에서 중재자 역할을 할 사람은 어머니의 남편이 될 수밖에 없다. 아내와 딸을 가장 잘 아는 사람이기 때문이다.

사람이 살아가는 세상에서 갈등은 항상 존재한다. 갈등이 일어나지 않게 하거나 그것을 완전하게 없앨 수도 없다. 가장 현명한 방법은 크고 작은 갈등을 신속하게 해결하는 것이다. 감정에 사로잡혀 문제를 키우는 것은 위험할 뿐이다.

5. 지갑을 열면 사랑이 보인다

나는 외손녀를 키우면서 종종 조부모의 손주양육과 관련된 강의를 한다. 강의가 끝나고 나서 참석자들로부터 받는 질문 중에는 "손주를 키워주면서 자녀들에게 양육비를 받아야 하는가?"에 대한 질문이 항상 들어 있다. "양육비를 받는다면 언제, 얼마를 받아야 하는가?" 이런 질문에 대해 "자기 손주를 키워주는데 무슨 양육비를 받느냐. 손주를 키워주는 것이 조부모로서는 당연한 일인데 어떻게 돈을 받을 생각을 하느냐. 손주를 키우는 것은 후손에 대한 사랑이 아니냐?"라는 반론도 더러 있다. 나는 자녀들에게 큰 부담이 되지 않는 범위 안에서 일정한 금액의 용돈을 받는 것은 괜찮다고 나의 생각을 전해준다.

과거 농경사회에서는 조부모들이 손주를 돌봐주는 것은 자신들을 대신해서 논과 밭에서 일하는 자녀들을 도와주는 것이었다. 그때는 자녀들이 조부모에게 용돈을 받아 써야 하는 형편이었다. 토지소유권과 집안의 경제권을 조부모들이 가지고 있었기에 조부모가 자녀들에게 별도로 용돈을 받을 이유나 필요가 없었다.

조부모가 용돈이 필요한 이유

조부모들은 젊은 시절 허리띠를 졸라매며 절약해서 자녀를 교육시켰다. 노년을 위한 생활자금을 모을 생각도 못 하고 자녀교육에 투자했다. 그러다 보니 은퇴한 조부모들 중에는 경제적으로 어려움에 처한 분들이 적지 않다. 조부모들이 자녀들에게 손을 내밀 수밖에 없는 이유이다.

조부모들이 용돈이 필요한 이유는 크게 두 가지이다.

첫째는 최소한의 품위를 유지하는 데 돈이 필요하다. 학생이나 가정주부가 용돈이 필요한 이유와 비슷하다. 학생들은 친구들과 교제하고 군것질을 하기 위해서 부모로부터 매달 용돈을 받는다. 가정주부들은 생활비 외에도 여가생활을 즐기기 위한 용돈이 필요하다. 조부모들도 문화생활을 하거나 친구들과 만나 커피를 마시기 위해서도 주머니에 돈이 있어야 한다.

둘째는 손주를 키우는 데 돈이 필요하다. 물론 아이를 양육하는 데 드는 돈은 대부분 아이 부모가 해결해 준다. 옷을 사거나 비싼 장난감을 사는 것은 부모의 몫이다. 그러나 아이가 좋아하는 음식을 장만하거나 간식을 구입하기 위해서는 여분의 돈이 있어야 한다. 손주가 할머니 얼굴을 쳐다보며 "할머니, 배고파요. 먹을 것 좀 사 주세요."라고 할 때 "할머니는 돈이 없으니 엄마 오면 사달라고 해라."라고 대답하는 할머니의 마음은 아프다. 주머니가 텅 빈 조부모의 마음 한 구석은 구멍이 뻥 뚫리게 된다.

외손주 2명을 키우는 어떤 할머니는 풍족한 연금을 받으면서도 딸에게 매월 일정액의 용돈을 받고 있다. 딸이 어려울 때면 경제적으로 도움을 줄 수 있을 정도로 넉넉한 형편이지만 굳이 용돈을 받는 이유는 따로 있다. 먼저는 아이를 키워주는 것이 결코 쉬운 일이 아니라는 것을 자녀들이 알아주기를 바라기 때문이다. 그 다음으로는 매월 받는 용돈을 손주 이름으로 저금을 해서 아이들이 대학에 갈 때 학비에 보태주기 위해서다.

대부분의 조부모들은 자녀들에게 받은 용돈을 헤프게 사용하지 않는다. 조부모 주머니 속에 들어있는 돈은 결국 후손들을 위해 사용한다. 조부모의 용돈은 자신들을 위해 사용하기도 하지만 손주들의 간식이나 반찬 구입에 사용하기 때문이다. "주머니돈이 쌈짓돈이다"라는 속담도 있다. 조부모 주머니가 든든하면 그 주머니 속에 든 돈은 어떤 형태로든지 가정으로 되돌아오기 마련이다.

6. 조부모, 징검다리가 되자!

1970년대에 미국의 유명한 가수 사이먼과 가펑클(Simon & Gafunkle)이 '험한 세상 다리가 되어(Bridge over troubled water)' 라는 노래를 불렀다. 이 노래의 가사 중에 'Like a bridge over troubled water I'll lay me down' 이라는 소절이 있다. 이 가사는 '험하고 힘든 세상을 살아가는데 당신을 위해서라면 내가 다리가 되어 당신이 안전하게 건너갈 수 있도록 하겠다.' 는 뜻으로 해석이 가능하다. 이 노래는 그 당시 세계적으로 힘들게 살아가던 사람들의 심금을 울리기도 했다.

사람들은 넓고 깊은 강을 안전하게 건너기 위해 다리를 놓거나 배를 사용한다. 폭이 좁은 개울에는 징검다리를 놓는다. 돌로 만든 징검다리는 한 사람이 겨우 건너다닐 수 있는 것에서부터 충북 진천의 농다리처럼 소나 말이 건널 수 있는 것까지 다양하다. 징검다리에 사용되는 돌은 모양과 크기가 일정하지 않고 제각각이다. 표면이 매끄러운 것도 있지만 울퉁불퉁한 것도 있다. 거센 물살에도 떠내려가지 않을 정도의 무게를 가진 돌이면 충분하다.

조부모의 역할도 개천을 지키는 징검다리와 비슷하다.

첫째, 징검다리는 개울을 사이에 둔 산골 마을과 외부세계를 연결해 주는 안전한 통로다. 조부모라는 징검다리는 개울 건너 바깥세상의 소식을 자녀들에게 전해주는 역할을 담당하였다. 그런 의미에서 조부모는 손주들이 세상을 바라보는 창(窓)의 역할을 한다.

사람들은 징검다리를 건너야 이웃 마을 사람을 만나고 세상 돌아가는 정보를 얻었다. 객지로 나가서 공부를 하거나 읍내 장터에 가서 생필품을 구입하기 위해서 건너다녀야 했다. 외부인들이 마을을 방문하기 위해서도 징검다리를 건넜다.

둘째, 징검다리는 비가 오나 눈이 오나 변함없이 늘 그 자리를 지킨다. 징검다리는 자신들의 희생을 드러내거나 자랑하지 않는다. 물이 많을 때는 징검다리 주변에 작은 물결을 일으켜서 자신의 위치를 드러내 준다. 건너는 사람이 감사의 표시를 하지 않아도 마음 쓰지 않는다. 징검다리는 살얼음이 낀 차가운 개울물 속에서 지낼 때도 불평하지 않는다. 한여름 뙤약볕 아래에서 지낼 때나 장마철에 물속에 잠길 때도 징검다리는 말없이 그 자리를 지킨다. 징검다리가 사시사철 물속에 잠긴 채로 살면서도 불평하거나 자신의 희생을 드러내지 않듯이 조부모들도 후손들을 위한 희생을 자랑하지 않는다.

셋째, 징검다리는 사람들이 안전하게 바깥세상으로 나갈 수 있게 해 준다. 홍수로 개울물이 넘치는 날엔 학생들은 학교에 가지 못 한다. 부모님이나 마을 청년들이 업어서 건네주어야 한다. 돌다리가 물에 잠겨 위험하기 때문이다. 비가 그치면 징검다리는 모습을 드러내고 사람들이 건너다닐 수 있다.

이처럼 작은 돌멩이들이 개울물에 몸을 담그고 그 자리를 지킬 때 사람들은 외부세계와 원활하게 소통할 수 있었다. 조부모라는 징검다리가 작은 개울을 건너는 데 도움을 준다고 우습게 여길 것은 아니다. 얕은 강을 안전하게 건넌 후손들이 깊고 넓은 강을 안전하게 건너는 법을 익히기 때문이다. 산골 작은 개울에 놓인 징검다리는 돌의 크기와 모양이 다르다. 개울을 건너는 데 하나의 돌이 필요한 것은 아니다. 크기나 모양이 다른 돌이 여러 개가 줄을 지어 놓일 때 돌다리가 된다. 돌 하나하나가 흔들리지 않고 자리를 잘 지킬 때 후손들은 안전하게 개울을 건널 수 있다.

넷째, 조부모라는 징검다리는 손주들에게 과거와 미래를 연결해 주는 역할을 한다. 조상으로부터 물려받은 역사와 전통을 후손들에게 전해준다. 조부모가 축적한 삶의 지혜와 문화는 조부모라는 징검다리를 통해 후손들에게 건네질 수 있다. 조부모들의 삶을 본받아 후손들은 자신들의 미래를 개척할 수 있게 된다. 자녀들은 조부모들이 남긴 것을 모델로 삼아 세상 살아가는 법을 배운다. 그래서 조부모의 현재의 삶은 중요하다.

조부모들이 많은 것을 후손들에게 물려줄 수 없다고 부끄러워 할 일이 아니다. 자신의 능력에 맞는 역할을 성실하게 수행할 때 그 후손들은 안전하게 세상으로 나가서 자신의 꿈을 펼칠 수 있을 것이기 때문이다. 조부모의 역할이 '험한 세상의 다리'가 되는 것은 위대한 유산을 남기는 방법 중 하나이다. 현대식 교량에 비해 세련되지 못하고 튼튼하지 못 하지만 조부모라는 징검다리에는 사랑이 있고 정이 있다. 손주들은 조부모라는 돌다리를 잘 두들겨보고 안전하게 건널 수 있다.

징검다리는 개울을 건너 새로운 세상으로 나아가려는 자녀들에게 용기를 준다. 그들의 소망은 자녀들이 안전하게 개울을 건너 더 넓은 세상에 나가 잘 자라는 것이다. 조부모들의 일상은 후손들에게 교훈이 된다. 조부모가 후손들의 삶에 걸림돌이 아니라 디딤돌이 되어야 하는 이유이다.

7. 사돈, 고맙습니다!

손주를 키우는 일은 자기 자녀를 키우는 것보다 어렵다고 한다. 건강이나 나이 때문만은 아니다. 조부모는 자신들의 양육방식에 대해 '내가 이 아이를 제대로 키우고 있는 것인가? 나중에 아이 부모로부터 원망 들을 일은 하고 있지 않는가?'를 늘 생각한다. 아이를 잘 키울 자신이 없어서가 아니라 육아의 보조자이기 때문이다.

강릉시에 거주하는 C씨는 외손녀를 두 명 키웠다. 서울에서 직장생활을 하는 첫째 딸이 결혼해서 자녀를 낳자 아이를 자신의 집으로 데리고 와서 키웠다. 초등학교 입학 전까지 정성껏 키웠다. 맞벌이를 하는 딸과 사위의 부탁이 있기도 했지만 사돈의 건강이 좋지 못하여 아이를 키울 수 없었기 때문이다.

처음에는 직장생활을 하던 남편이 반대를 했다. 외손녀를 키우는 것을 별로 도와주지 않았다. 남편은 3남매를 키울 때도 육아에 무관심했다. 그러나 맏손녀에 이어 둘째 손녀를 키울 때는 남편의 태도가 바뀌었다. 퇴직한 남편은 아이가 재롱을 부리자 마음의 문을 열고 손주 양육에 적극적으로 도와주었다.

C씨는 외손녀를 키우는 동안 손주를 키울 수 있음에 늘 감사했다. 아이들이 건강하게 자라는 것을 보며 자신의 행복했던 어린 시절을 떠올렸기 때문이다. 어린 시절 외할머니의 자상한 보살핌을 받으며 성장한 그는 손주를 키우는 것이 외할머니의 사랑에 대한 보답을 하는 것이라 생각하였다.

이 부부는 두 아이를 키운 7년 동안 딸과 사위로부터 늘 감사의 말을 들었다. 자녀들은 출장을 다녀 올 때는 아이를 키워주는 부모에게 언제나 선물을 사다 주었다. 직장 동료들에게도 친정 엄마가 아이를 철저하게 길러주어서 아이가 건강하고 똑똑하게 자랐다고 자랑을 했다. 지금도 부모인 자기들보다 조부모가 아이들에게 더 잘해주었다고 고마워한다.

이들은 사돈 내외로부터도 감사의 말을 들었다. "사돈, 고맙습니다. 저희를 대신해서 아이를 잘 키워주셔서 감사합니다."라는 말은 그 어떤 값비싼 선물과도 비교할 수 없었다. 사돈 내외가 건네는 감사의 말은 손주육아에 대한 보람을 느끼게 해 주었다. 외손녀를 키우고 나서 듣는 감사의 인사는 아이를 키울 때의 고생을 한 순간에 모두 날려버릴 만큼 강력한 힘이 있었다. 초등학교에 다니는 두 손녀는 지금 자기 부모와 함께 서울에서 지낸다. 손주육아를 계기로

이 가정에서는 아이를 키울 때뿐만 아니라 지금까지도 명절 때마다 정성어린 선물을 서로 주고받는다.

옛날에는 사돈을 자주 만나는 것이 쉽지 않았다. 교통이 불편해서 소식을 주고받는 것이 쉽지 않았던 탓이다. 집안에 결혼잔치가 있거나 초상이 났을 때는 서로 연락을 하고 만나는 정도로 사돈끼리 만나는 것은 드물었다. 그러나 산업이 발달한 현대는 수시로 만날 수 있게 되었다. 멀게만 느껴졌던 사돈 사이도 예전과는 달리 친한 관계로 발전하는 경우도 적지 않다. 자녀를 나누어가진 부모들로서 새로운 확대가족을 이루어 나가고 있는 것이다.

간혹 결혼 혼수나 지참금 등으로 불미스러운 모습을 보이는 가문도 있지만 앞의 가문처럼 손주의 출생과 성장 과정에서 사돈끼리 좋은 관계를 맺는 경우도 점차 늘어나고 있다. **서로가 상대방의 노고를 인정하고 그에 대한 감사의 마음을 가질 때 가족간의 갈등은 사라지고 끈끈한 유대관계를 가지게 된다.**

멀게만 느껴졌던 사돈들의 아름다운 모습은 자라나는 후손들에게 좋은 영향을 끼친다. 아이들은 어른들의 이런 모습을 보고 어떻게 살아야 하는 가를 직접 눈과 귀로 보고 듣고 배운다. "사돈 고맙습니다"라는 말이 서로에게 진심어린 감사의 표현이 될 때 그들의 손에서 자라나는 손주들의 삶은 행복하게 될 것이다.

8. 할아버지, 할머니의 조수가 되자

나이든 세대 중에는 집안일을 여성의 몫으로 여기는 사람들이 많다. 아내는 남편을 '바깥 양반', 남편은 아내를 '안 사람' 혹은 '내자(內子)'라 부르기도 한다. 남자들은 들에 나가서 농사를 짓거나 대외적인 일을 처리하고, 여자들은 부엌살림을 비롯해서 집안 일을 하는 시대에 살았기 때문이다. 그러다보니 남성들은 여성들이 하는 집안 일에 서투르다. 부엌에서 음식을 장만하는 것은 상상할 수도 없다. 심지어 부엌일을 도와주는 것을 부끄럽게 여기기도 했다. 베이비붐 세대들도 예외는 아니다.

그러나 요즘 젊은 세대에서는 남자들의 가사 분담을 당연하게 생각하는 사람들이 늘어나고 있다. 심지어 육아와 가사를 전담하기 위해 직장에서 육아휴직을 하는 경우도 있다. 맞벌이 가정이 늘어나면서 나타나는 현상이다.

나는 나이 들어서 손주를 키우는 할머니들의 형편을 잘 이해하는

편이라고 생각한다. 내가 퇴직 후 9년째 외손녀를 키우고 있기 때문이다. 아이 엄마인 나의 딸은 출산 후 몸이 불편해서 오랫동안 아이를 돌보는 것은 고사하고 자신을 추스르기도 힘든 세월을 살아왔다. 그래서 나는 딸 가족과 함께 살면서 9년째 손녀를 키우고 있다. 그 아이가 지금 초등학교 3학년이다.

9년 중 5년 가까이는 나는 엄마나 할머니들이 아이를 키울 때 하는 일을 하면서 살았다. 밥하고 빨래하고 음식을 장만하는 일이다. 손녀를 키우면서 딸의 병수발도 들어주었다. 부족한 잠은 아이가 낮잠을 잘 때 함께 해결했다. 우리 집에서 나는 '육아도우미' 겸 '가사도우미'로 살고 있는 셈이다. 함께 살면서 24시간 도와주는 '특급도우미'이다. 요즘은 아이 엄마의 건강이 많이 회복되어 내가 하는 일은 아이와 함께 놀아주는 일이다.

할머니 혼자서 손주를 키우게 되면 할머니는 금세 지쳐버린다. 나이가 들어가면서 육체적인 어려움뿐만 아니라 정신적인 어려움도 늘어난다. 손주를 키우는 할머니에게도 도움이 필요하다. 주변으로부터의 격려와 협조가 요구된다. 이때 가장 든든한 후원자는 함께 살고 있는 '삼식이 할아버지'다. 나의 경우는 조금은 특별한 사례에 해당하겠지만 은퇴한 할아버지들이 손주 양육에 참여하는 것은 좋은 점이 많다. 퇴직한 할아버지가 여유 시간에 할머니를 도와주어야 하는 이유는 네 가지이다.

첫째, 할아버지의 작은 도움으로 할머니가 건강한 노후를 보낼 수 있다. 어린 아이를 돌보는 것은 할머니들에게는 육체적으로 부담이 된다. 육아는 전업주부들에게도 힘든 일이다. 할아버지가 손주를 데리고 놀아주는 동안 할머니는 집안에서 잡다한 일을 처리하거나 잠시 쉴 수 있다. 할머니가 과로로 몸져눕게 되면 할아버지는 할머니의 병간호는 물론이고 할머니를 대신하여 집안일도 해야 한다. 다소 이기적으로 들릴 수도 있겠지만 할아버지가 건강한 노후를 지내기 위해서는 할머니의 건강이 매우 중요하다. 할아버지의 도움은 할머니의 재충전에 많은 보탬이 된다. 할머니의 건강이 할아버지의 건강과 직결된다.

둘째, 할아버지가 손주양육에 참여하는 것은 손주들에게도 유익이 된다. 할머니는 엄마의 역할을, 할아버지는 아버지의 역할을 담당함으로써 아이들은 건전한 성역할을 배우게 된다. 특히 아빠가 없는 가정에서는 할아버지가 아버지의 역할을 대신해 줌으로써 아이의 성격 형성에 도움을 줄 수 있다.

셋째, 가족간에 발생하는 갈등의 중재자 역할이다. 시어머니와 며느리 사이의 갈등, 장모와 사위간에 발생하는 갈등의 중재자는 할아버지가 적격이다. 뿐만 아니라 손주와 젊은 부모 사이에 갈등이 발생할 경우 할아버지의 중재와 조언이 크게 도움이 된다.

넷째, 조부모의 경험과 지혜를 손주에게 물려 줄 수 있다. 여성인 할머니는 음식 장만이나 집안일을 처리하는 것을 전해 줄 수 있고 남성인 할아버지는 직장 경험이라든가 남성으로서 해야 할 일들을 손주들에게 전해 줄 수 있다. 손주가 성장하는 모습을 볼 수 있다는 점은 보너스다.

할아버지가 할머니의 현명한 조수가 될 때 가정의 평화는 물론이고 손주의 건전한 양육이 가능하다. 노부부의 사랑은 덤이다. 몇 년 전 〈님아, 그 강을 건너지 마오〉라는 다큐멘터리 영화가 상영된 적이 있다. 나이든 세대의 큰 공감을 받은 영화였다. 90이 넘은 할아버지와 80대 후반의 할머니의 잔잔한 러브스토리는 은퇴자의 삶을 살아가는 조부모들에게 시사하는 바가 많다.

9. 책 읽어 주는 조부모가 행복하다

　농촌에 사는 K씨는 일하는 며느리 대신에 손녀를 키우고 있다. 아이가 태어나서부터 지금까지 5년째다. 할머니는 아이를 데리고 들로 산으로 다니기도 하고 가축에게 먹이를 주기도 한다. 아이에게 산과 들은 자연학습장이다. 곡식 이름도 배우고, 산새들의 노래 소리도 듣는다. 아이는 할머니와 함께하는 시골생활을 무척 좋아한다.

　그러나 할머니에게는 한 가지 걱정이 있다. 아이에게 책을 읽어 달라는 며느리의 부탁 때문이다. 아이도 시간이 날 때마다 할머니 치마를 붙잡고 책을 읽어 달라고 한다. 할머니에게는 책을 읽어 준다는 것이 들에 나가 일하는 것보다 더 어려운 일이다. 책을 들고 있으면 눈앞이 캄캄해진다. 초등학교를 겨우 마친 그로서는 평생 책 읽는 일과는 담을 쌓고 살았기 때문이다. 아이를 먹이고 입히는 것에는 자신이 있지만 아이에게 책을 읽어 주거나 공부를 가르치는 것에는 자신이 없다.

책 읽어주기는 아이가 세상에 태어나면서부터 시작되어야 한다. 아이들은 성장하면서 글을 익히기 전에 양육자가 읽어주는 책을 통해 세상을 알아가기 때문이다. 아이들은 책 읽어주는 소리를 들으면서 책 속의 주인공이 되어 상상의 나래를 펼친다. 때로는 현실과 가상의 혼돈 속에서 방황하기도 하고 주인공이 어려움을 당하면 이야기에 동화되어 함께 분노하고 눈물을 흘리기도 한다. 그러면서도 아이들은 그 책을 통째로 외울 지경이 될 때까지 읽고 또 읽어달라고 한다.

조금 지나면 아이는 어른이 읽어 주는 책의 내용에 대해 질문을 시작한다. 자신의 경험으로는 이해할 수 없는 상황이나 단어들을 만나면 아이는 좀 더 생생하게 이해하기 위해 때로는 어른들이 대답하기 곤란한 질문을 할 때도 있다. 아이가 정상적으로 성장하고 있다는 증거이다.

아이들이 좋아하는 동화책이나 과학책에는 많은 지식이 담겨 있다. 책에 실린 다양한 주제의 글들은 아이들의 성장에 필요한 삶의 지혜를 제공하기도 한다. 잘 다듬어진 글들은 아이들에게 많은 유익을 제공한다. 따라서 어른들이 아이들에게 책을 읽어 주는 것은 매우 소중한 일이며 많은 유익이 있다.

첫째, 아이의 듣는 능력이 향상된다. 어른들의 목소리를 통해 전달되는 단어와 문장을 정확하게 듣기 위해 정신을 집중하기 때문이다.

둘째, 이해력이 향상된다. 잘 들어야 잘 이해할 수 있다. 어릴 때는 책의 내용에 적합한 그림이 그려진 그림책을 많이 읽어주면 아이가 책을 이해하는 데 도움이 된다.

셋째, 말하기 능력이 향상된다. 아이들은 자기가 들은 것을 모방해서 말하기 때문이다. 책을 읽어주는 어른들의 입술을 쳐다보는 아이는 자연스럽게 정확한 발음을 배우게 되는 것이다.

넷째, 학습능력이 향상된다. 책은 다양한 내용을 포함하고 있기 때문에 어른들이 책을 많이 읽어 주면 아이는 많은 지식을 얻을 수 있다. 언어 영역뿐만 아니라 학과 성적도 올릴 수 있게 된다.

다섯째, 글쓰기 능력이 향상된다. 전문가들이 표준어로 기록한 유아용 책을 많이 읽어주면 아이는 자기가 듣고 이해한 것을 토대로 올바른 글쓰기를 할 수 있기 때문이다.

여섯째, 세대간에 친밀감이 향상된다. 조부모의 책 읽어주는 목소리에 담긴 사랑이 아이에게 전달되기 때문이다. 이로 인해 조부모는 아이를 사랑하게 되고 아이는 조부모를 신뢰하고 사랑하게 된다.

따라서 손주를 양육하는 조부모는 아이가 어릴 때부터 좋은 책을 많이 읽어 주는 것이 중요하다. 시간이 날 때마다 아이와 함께 책을 읽으면 된다. 아이가 자연스럽게 책과 친해지게 만드는 것 못지않게 아이에게 올바른 지식과 지혜를 전해주기 때문이다. 어릴 때는 읽어보지 못했던 좋은 동화책을 읽다보면 오히려 어른들이 더 많은 감동을 받는 경우도 있다. 아이와 함께 동화의 나라로 가보는 것도 좋은 추억이 될 것이다.

나의 경우에 외손녀를 키우면서 힘들었던 것 중 하나는 저녁에 잠잘 시간이 되었을 때 책을 읽어달라는 아이의 요구였다. 얇은 동화책 같은 경우에는 책 내용을 줄줄 외울 정도가 되어도 계속 읽어 달라고 하였다. 책장에서 300페이지 정도 되는 두꺼운 책을 들고 와서 읽어 달라고 요청 아닌 명령을 하는 순간 눈앞이 깜깜했던 적이 여러 번 있었다. 새벽 1시가 넘어서야 책 읽어주기가 끝나는 경우도 많았다.

책을 읽어주는 할아버지는 물론이고 무릎에 앉아서 듣는 아이도 졸리기는 마찬가지였지만 아이는 자기가 만족할 때까지 책을 읽어 달라고 했다. 때로는 일부러 줄을 건너뛰거나 단어를 엉뚱하게 읽어 주기도 했다. 아이는 그때마다 눈치를 채고 즉시 틀렸다고 말하면서 다시 읽어 달라고 했다. 나의 책 읽어 주기는 몇 시간씩 계속되기도 했다.

짐 트렐리즈(Trelease)는 『하루 15분, 책 읽어 주기의 힘』이라는 책에서 아버지가 책을 읽어주면 아이가 공부를 잘한다고 말했다. 심지어 "책은 손에 들고 다니는 여분의 뇌이다"고 말하기까지 했다. 요즘 말로 하면 '책은 용량이 큰 USB(외장 하드)다'라는 말과 같은 의미다. 그는 오히려 아이가 어릴 때만 책을 읽어 줄 것이 아니라 십대 청소년이 되어서도 책을 읽어 주라고 조언한다.

날로 기력이 약해지는 조부모들에게는 책을 읽어 주는 것이 결코 쉬운 일은 아니다. 눈이 어두워 돋보기라도 끼는 경우에는 피로도가 증가한다. 그렇지만 아이들의 요구를 무시하면 안 된다. 책을 읽어 달라는 요구는 아이가 새로운 정보에 목말라 한다는 신호이다. 스스로 책을 읽을 능력이 없는 아이는 어른들의 입과 눈을 통해 세상을 배울 수 있기 때문이다.

책을 읽어 달라거나 질문을 하는 아이에게 화를 내거나 핀잔을 주면 안 된다. 어른들이 귀찮아하면 아이는 책 읽어 달라는 요청을 두려워하게 된다. 이러한 일이 계속되면 아이는 책을 읽어 달라는 것을 포기한다. 뿐만 아니라 책에 대한 호기심이 사라지고 책을 멀리하게 된다.

10. 3대가 행복해야 격대교육이 성공한다

맞벌이가정이나 한부모가정에서는 부모가 일을 하는 동안 아이의 양육을 다른 사람에게 의존해야 한다. 조부모가 함께 살면서 육아를 담당하는 경우에는 별도의 주거 공간에서 지낼 때보다는 고부간의 갈등 외에도 조손(祖孫) 간의 갈등이 발생할 수도 있다. 손주들과의 갈등은 조손간의 문제를 벗어나 고부간 혹은 모녀간의 갈등으로 이어질 수도 있다. 이로 인해 젊은 부모가 자녀를 시댁이나 친정 어른들에게 부탁하는 것을 조심스러워 한다. 따라서 조부모들은 젊은 부모와의 원활한 의사소통은 물론이고 사랑스런 손주를 잘 키워야 한다는 부담감을 안고 손주육아에 나서게 된다. 조부모의 손주양육에는 많은 장점과 아울러 단점도 존재한다.

조부모의 손주양육 즉, **격대교육이 성공하기 위해서는 전제조건이 있다. 바로 '3대가 행복해야 한다' 는 것이다.**

첫째, 돌봄을 받는 손주가 행복해야 한다. 격대교육에서는 조부모

품에서 자라는 손주의 행복이 제일 중요하다. 손주를 품에 안고 아이의 재롱을 보는 조부모가 아무리 행복하다고 생각해도 아이가 불행하다고 느낀다면 그것은 잘못된 것이다. 조부모의 일방적인 만족이나 넘치는 사랑이 아이에게는 부족할 수가 있다.

따라서 60년 가까운 세대 차이를 뛰어넘을 수 있는 육아법이 필요하다. 어릴 때는 물론이고 어른이 되고 나서도 조부모의 사랑이 그리워지고, 그 사랑에 감사할 수 있는 육아법이어야 한다. 조부모의 품을 생각할 때마다 행복에 젖을 수 있으면 더욱 좋다.

어릴 때 할머니 손에서 자란 젊은 여성을 만난 적이 있다. 그녀는 할머니에 대한 추억이 좋지 않다고 했다. 바쁜 부모 대신에 자신을 키워준 할머니가 자기 어머니에 대해 안 좋은 말을 자주했기 때문이다. 어린 마음에도 자기 부모에 대해 부정적인 말을 하던 할머니의 모습이 결혼해서 자녀를 키우는 현재까지도 가끔씩 떠오른다고 했다. 할머니의 수고와 희생이 빛을 바랜 경우이다.

반면 어린 시절 할머니 품에서 자란 사람들이 자신이 결혼한 뒤에도 가끔씩 할머니의 사랑이 그립다는 말을 하는 사람들도 있다. 자신을 키워준 할머니나 할아버지가 그들에게는 사랑과 감사로 남게되는 아름다운 추억이 되고 있다.

둘째, 격대교육에 임하는 조부모가 행복해야 한다. 부모 대신에 아이를 키우는 주체인 조부모가 행복해야 한다. 육체적으로는 힘들지만 손주를 키우는 것이 보람되고 즐거우면 좋은 일이다. 몸과 마음이 편하면 더욱 좋다. 손주의 재롱과 성장을 지켜보는 것이 조부모에게 기쁨과 행복이 되면 금상첨화가 된다.

손주육아가 주변사람들에게 인정을 받는 것이 중요하다. 특히 식구들의 협조와 지지가 많을수록 좋다. 아이를 키워주는 조부모가 몸과 마음이 불편하면 그 폐해는 고스란히 아이에게로 돌아가게 된다. 어른들의 불편한 심기를 아이들도 느끼기 때문이다. 어른들의 찡그린 얼굴과 상스러운 말투는 아이 교육에 역효과를 가져올 수도 있다. 자칫하면 아이 장래에 해를 끼칠 위험도 있다.

셋째, 아이를 조부모에게 맡기는 젊은 부모가 행복해야 한다. 자기가 낳은 자녀를 나이든 조부모에게 양육을 부탁하는 것은 쉽지 않은 결정이다. 조부모의 건강이 나쁘거나 경제적으로 여유가 없는 경우에 자녀양육을 맡기는 것은 부담이 된다. 조부모와 갈등이 있는 경우에는 육아를 부탁하는 것이 불가능할 수도 있다. 따라서 아이를 맡기는 젊은 부모가 행복해야 한다. 아이를 키워주는 조부모의 노고에 감사한 마음을 가질 수 있으면 더욱 좋다. 아이 부모가 행복해야 아이도 행복하고 아이를 돌봐주는 조부모도 행복하게 되는 것이다. 그래야 아이 부모가 편안한 마음으로 직장생활을 할 수 있다.

가정을 이루는 세 축 중 어느 한 축이라도 불행하거나 어려움을 겪는다면 건강한 격대교육은 이루어질 수 없다. 일방적인 행복이 아

니라 양방향으로 이루어지는 진정한 행복이 중요하다. 손주육아를
하기 전에 가족 구성원들의 사랑과 화평이 우선이다.

격대교육과 빛의 3원색

물감의 3원색인 붉은색(Magenta, 주황색), 노란색(Yellow), 파란
색(Cyan, 하늘색)을 섞으면 다양한 색상을 얻을 수 있다. 마찬가지로
빛의 3원색인 붉은색(Red), 초록색(Green), 파란색(Blue) 빛을 잘 혼
합해도 다양한 색상을 얻을 수 있다. 근본적인 차이는 물감의 3원색
을 잘 혼합하면 검은색(Black)을 얻을 수 있는 반면 빛의 3원색을 잘
혼합하면 흰색(White)을 얻을 수 있다는 사실이다.

칼라TV나 비디오카메라, 디지털카메라에서는 빛의 3원색을 이용
해서 원하는 색을 표현한다. 빛의 3원색 중에서 붉은색과 초록색을
섞으면 노란색(Yellow)을 얻을 수 있고, 붉은색과 파란색을 섞으면
주황색(Magenta)을 얻을 수 있다. 파란색과 초록색을 섞으면 하늘색
(Cyan)을 얻을 수 있다. 이때 중요한 것은 새로운 색을 만들기 위해
서는 두 가지의 색이 만날 때 자신의 색을 고집하지 않고 상대방의
색을 수용해야 한다는 점이다. 두 가지 색 중 한 가지가 자신의 색을
포기하지 않으면 우리가 원하는 색을 얻을 수 없다.

마찬가지로 가족 관계에서도 한 세대의 주장이나 발언이 강하여
다른 세대를 압도하게 되면 예상치 못한 결과를 초래할 수도 있다.

한 세대가 중심축을 벗어나면 원하는 행복을 얻는 것은 불가능하게
된다. 함께 생활하면서 누릴 수 있는 행복이 사라지게 되는 것이다.
결국 조부모와 젊은 부모, 그리고 손주가 어떻게 만나고 반응하느냐
에 따라 가족들이 만들어내는 색깔이 달라진다. 3대가 서로 양보하
고 배려하면 새로운 색을 얻게 된다. 하나의 줄은 쉽게 끊어지지만
가늘 줄도 세 겹을 모아서 꼬게 되면 단단하여 쉽게 끊어지지 않는
것도 비슷한 이치이다.

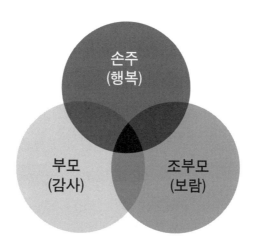

3가지 색이 만나는 지점에 핀을 꽂아 두면 3가지 색은 분리되지
않는다. 즉 3대가 공유하는 부분이 존재하는 것이 중요하다. 이럴 경
우 문제가 발생하여 관계가 소원하여지더라도 다시 만날 가능성은
늘 존재하게 된다. 공유하는 면적이 너무 넓거나 좁은 것은 좋지 않
다. 공유면적이 너무 넓으면 세대별 특성이 흐려지고 너무 좁으면

가족 공동의 관심사항이 적어지게 된다. 사랑 혹은 정이라고 표현할 수 있는 이 핀을 중심으로 가족들이 살아갈 때 사랑이 넘치는 격대교육이 성공할 수 있을 것이다. 이처럼 가족의 화목을 위해서는 3대가 한 곳을 향해야 한다. 지향점이 다를 때 그곳에는 정(情)이나 사랑(愛), 믿음(信賴)이 존재할 공간은 사라진다.

11. 조부모의 날을 만들자

'조부모의 날(Grandparents Day)'을 국가 기념일로 제정하여 지키는 나라가 해마다 늘어나고 있다. 미국을 비롯하여 캐나다. 호주, 에스토이나, 프랑스, 독일, 멕시코, 파키스탄, 폴란드, 남수단 외에도 여러 나라에서 조부모의 날을 기념하고 있다.

우리나라에서는 지방자치단체로서는 경상북도에서 처음으로 '할매·할배의 날'을 정했다. 2014년부터 매월 마지막 토요일을 '할매·할배의 날'로 정해서 학생들은 매월 한 차례씩 양로원이나 복지시설 등을 방문하여 그들과 대화를 나누기도 하고 장기자랑도 하면서 사랑을 나눈다. 이를 통해 어린 학생들과 노인들과의 유대감을 높이고 있다.

필자는 2015년 10월과 2017년 4월에 한국국학진흥원에서 경상북도와 대구시 공무원을 대상으로 '할매·할배의 날'과 관련하여 조부모의 손주양육에 대해 강의를 한 적이 있다. 경상북도 외에도 지역 단위로 학교현장에서 할머니·할아버지의 날을 지정하여 행사를 마련하고 있는 곳도 있다.

5월 31일을 '조부모의 날'로 지정할 것을 제안한다

2016년 어버이날에 초등학교 1학년인 손녀가 카네이션 2개를 만들어서 집으로 왔다. 자기 엄마·아빠에게 줄 것이라고 조심스럽게 간직하였다. 아이의 행동을 지켜보던 내가 질문을 했다.

"서현아, 할아버지 카네이션은 어디 있어?"

그러자 손녀는 당연한 듯이 대답을 했다.

"할아버지는 엄마가 준비해야 해요. 엄마가 할아버지의 딸이니까요."

초등학교 1학년에게 어버이날은 그저 '어머니와 아버지의 날'일 뿐이다. 아이들에게 조부모는 어버이날에 포함되지 않는 것이다. 손녀의 대답이 틀린 말은 아니었지만 무언가 아쉬움이 남았다. 아이들이 어릴 때부터 조부모를 비롯한 사회구성원 전체에 대한 생각을 할 수 있는 교육을 받지 못 했기 때문에 일어난 일이었다. 어버이날은 부모님의 은혜를 감사하며 보답하는 날이라고 가르치는 한 아이들에게는 이러한 혼란이 계속될 것이다.

노인들은 누군가의 부모인 동시에 조부모이기도 하다. 자녀들을 비롯하여 손주와 함께 살아가는 노인도 있지만 홀로 외롭게 살아가는 노인들도 있다. "노인 한 사람이 죽는 것은 도서관 하나가 불타는 것과 같다"는 말이 있듯이 노인들의 경험과 지혜는 넓고 깊지만 그것을 전해줄 후손이나 기회가 주어지지 않으면 아무 의미가 없다. 조부모들을 존경하고, 그들에게 손주를 사랑할 수 있는 기회를 주어야 한다. 뿐만 아니라 조부모들이 우리 사회의 뿌리임을 깨닫게 해야 한다.

우리나라에는 좋은 의미를 갖는 기념일들이 많이 있다. 신정(1월 1일)을 비롯하여 12월까지 달력에 기재된 기념일(국경일을 제외)은 40개가 넘는다. 달력을 넘길 때마다 기념일들이 가득한 셈이다. 국가적으로 중요한 기념일은 말할 것도 없고 심지어 개인 기업체에서 자신들의 상품을 판촉하기 위한 "~데이"도 있다.

'가정의 달'이라고 부르는 5월에는 가정과 관련된 기념일이 모여 있다. 5월 5일은 어린이날, 8일은 어버이날, 15일은 스승의 날, 16일은 성년의 날이다. 뿐만 아니라 21일은 부부의 날이기도 하다. 그런데 가족 구성원인 조부모와 관련된 기념일은 없다.

그렇다면 '조부모의 날'은 언제가 좋을까? 경상북도가 매월 마지막 토요일에 시행하고 있는 '할매·할배의 날'과 '노인의 날'인 10월 2일을 통합하여 가정의 달인 5월 31일을 '조부모의 날'로 정하여 지킬 것을 추천한다.

부부의 날이 21일인 것은 두 사람이 하나가 되는 날이라는 의미가 있듯이 31일은 3대(부모와 자녀, 조부모)가 하나가 되는 날, 즉 가족이 하나가 되는 즐거운 날이라는 의미를 부여할 수 있기 때문이다.

　조부모의 날 제정은 소외되어가는 조부모 세대가 가정과 사회의 일원으로서 자리를 찾아가게 만들어 줄 것이다. 세대간의 건전한 통합은 행복한 가정과 사회, 국가를 만들어가는 밑거름이 된다. '조부모의 날'을 통해 조부모는 손주를 사랑하고, 손주는 조부모를 이해하며 젊은 부모는 아름다운 우리의 전통을 물려받고 또 물려주는 전달자의 역할을 수행할 수 있을 것이다.

조부모의 인생이
손주 인생의 나침반이 되기를

조부모의 인생이
손주 인생의 나침반이 되기를

따뜻한 온실 속에 핀 예쁜 꽃뿐만 아니라 길가에 먼지를 잔뜩 뒤집어 쓴 보잘 것 없는 들풀도 이름이 있다. 사람들은 들풀의 이름을 모를 때는 '이름 모를 각종 들풀'이라는 방식으로 자신들의 무지함을 들풀의 탓으로 돌린다. 그러나 들풀은 사람들의 생각이나 평가에는 무관심하다. 사람들의 평가에 웃거나 울지 않는다. 자기만의 방식으로 꽃을 피우고 대를 이어간다. 묵묵히 자기의 길을 걸어가고 있을 뿐이다.

조부모들도 각자 자신만의 삶의 역사를 가지고 있다. 세상에 자기 이름을 널리 알리기 위해 애를 쓰는 사람도 있다. 부와 명예를 마음껏 누리며 살아온 사람들도 있다. 많은 사람들의 사랑을 받으며 즐겁게 살아가는 사람들도 있다. 그냥 평범하게 살다가 생을 마감한 사람들도 많다.

누구나 80평생을 살아오다보면 자신만의 삶의 지혜와 철학을 가지게 된다. 어떤 사람들은 그것을 잘 포장해서 철학자가 되고, 유명 인사가 된다. 어떤 사람들은 그 누구의 관심도 받지 못 하고 사라지기도 한다. 그러나 지위의 높고 낮음과 유명과 무명이 그 사람의 인격을 가늠하는 척도는 아니다. 그 사람의 인생이 성공했느냐 못 했느냐도 아니다. 그것은 좋고 나쁨의 문제가 아니라 기회를 얻느냐, 못 얻느냐의 문제이기 때문이다.

노인들의 얼굴에 깊게 패인 주름살과 성성한 백발 속에는 남들이 평가할 수 없는 인생의 지혜가 담겨 있다. 그러기에 그들의 삶을 함부로 평가할 수 없다. 남의 삶을 평가하려고 해서도 안 된다. 누구의 삶이 더 가치가 있고, 누구의 것이 가치가 없고를 따질 수가 없기 때문이다.

이 책의 초고를 마무리할 즈음에 손녀(서현)가 초등학교에 입학을 했다. 태어나서부터 지금까지 함께 살고 있는 손녀다. 학교에 다니면서 여러 가지에 대해 관심을 가지게 된 서현이가 어느 날 책에 대해 질문을 했다. "할아버지, 격대교육에 대한 책을 쓰고 계시잖아요. 언제 책을 출판할 계획이세요?" 서현이는 책 내용 중에 자신에 대한 이야기가 실려 있다는 사실에 흥미를 보였다.

"할아버지, 책 제목을 잘 정해야 돼요. 그래야 사람들이 관심을 가지고 책을 사 볼 것 같아요. 책 제목 중에 손주양육이나 격대교육 같은 말을 넣어야 해요. 그래야 이 할아버지는 손녀를 어떻게 키웠는지 알고 싶을 거예요. 그렇지 않으면 사람들이 무슨 책인지 관심을 갖지 않을 거예요. 그리고 책 내용도 중요해요. 책을 펼쳐 본 후 내용이 나쁘면 사람들이 실망할 거예요."

그러면서 한 마디 더 보탰다.

"할아버지, 책에 격대교육의 좋은 점이나 안 좋은 점을 쓰고 싶으면 저에게 물어보세요. 할아버지가 키우시는 손주가 저니까 제가 잘 알잖아요."

앞으로 우리나라에서 조부모들의 손주양육은 당분간 늘어날 전망이다. 젊은 여성들의 사회진출이 줄어들 가능성이 없기 때문이다. 그러나 지금처럼 결혼 기피현상이 심화되고 자녀출산율이 떨어지면 조부모들이 돌보아야 할 손주는 크게 줄어들 것이다.

가정이나 사회에서 아이들의 울음소리가 그치면 안 된다. 아무리 조상으로부터 물려받은 좋은 유산이 많아도 물려줄 후손이 없으면 가정과 사회는 심각한 위기에 처할 것이다. 국가의 존립마저도 위태롭게 만들 수 있다. 지금처럼 아이들을 돌보는 것을 가족들의 일로

한정해서는 안 되는 이유이다. 국가차원에서 보다 적극적인 육아시스템을 도입해야 한다. 조부모의 손주양육은 아이를 키우는 주체가 아니라 지원군의 역할이 되어야 한다.

조부모의 삶이 후손들에게 좋은 모델이 되었으면 좋겠다. 그들이 살아오면서 축적한 귀한 지식과 경험들이 후손들에게 잘 전해졌으면 더욱 좋겠다. 살아 움직이는 도서관인 조부모가 전해주는 아름다운 유산들이 자손대대로 이어지기를 바란다.

격대교육을 통해 조부모가 살아온 인생이 손주가 살아갈 인생의 좋은 나침반이 되었으면 좋겠다. 격대교육이 조부모와 손주의 아름다운 동행의 매개체가 되기를 소원한다.